NCS 학습을 기반으로 한

반려동물 미용관리

강수민 · 강효민 · 이현경 · 이호형 · 박진수

머리말

'2021 한국 반려동물 보고서'에 따르면 반려동물 양육가구는 전체 가구 29.7%에 해당하는 604만 가구, 1,448만 명이라고 합니다. 농림부는 2026년에는 반려동물의 개체수가 1,520만 마리에 달할 것으로 예측하였으며, 한국농촌경제연구원은 국내 반려동물 산업 규모가 5년 후인 2027년에는 6조 원대에 이를 것으로 전망하고 있습니다.

반려동물 산업은 성장과 함께 프리미엄 케어 서비스의 형태로 점점 전문화되어가고 있으며, 이것은 반려동물 미용산업에서도 두드러지게 나타나고 있는 변화입니다.

최근 반려동물인 펫(Pet)과 가족인 패밀리(Family)가 합쳐진 '팻팸족'과 반려동물을 인간처럼 대하고 보살피는 트렌드인 펫 휴머니제이션(Pet Humanization)이라는 신조어가 등장하여 반려동물 산업 곳곳에서 사용되고 있습니다. 반려동물 미용 역시 더욱 전문화되고 발전되어 반려동물의 스타일을 제시하고 관리해주며, 반려인과 함께 반려동물을 케어하는 파트너로 자리 잡고 있습니다.

농림축산부는 반려견스타일리스트 자격증을 국가공인 자격증으로 인증하였고, 2020년 1월 1일부터 국가공인자격으로 시행되고 있습니다. 반려견스타일리스트는 다양한 견종에 대한 능숙한 미용능력, 미용교육을 할 수 있는 전문적인 지식과 기술능력 등을 검정하는 것을 포함하고 있습니다.

이에 본 교재는 반려견스타일리스트의 전문성을 강화하고 현장에서의 수준 높은 미용서비스 제공을 위한 반려견 관리의 지식을 전달하고, 실제로 어떻게 적용할 수 있는지를 서술하였으며, 반려견스타일리스트 자격과정과 교육과정의 질적 가치에 초점을 맞추었습니다.

본 교재가 국가공인자격 제도에 발맞추어 반려견스타일리스트의 역량을 높일 수 있는 이론 교육서가 되기를 바랍니다. 그 밖에도 반려견 관리 부분에서 유용한 참고자료가 되어 일반인들에게도 반려견에 대한 지식 함양에 도움이 될 수 있기를 바랍니다.

끝으로 본 교재의 출판까지 고생해주신 ㈜메디시언 임직원 여러분께 깊은 감사를 드립니다.

임인년 초여름에

필자 대표

차례

Contents

PART Ⅱ 기자재 관리

PART Ⅲ 고객 상담

차례

교과목 프로파일

1. 학습 모듈 및 교과목표

대분류	중분류	소분류	세분류
농림 · 어업	축산	축산자원개발	애완동물미용
능력단위 수준	3수준		
학습모듈명칭	애완동물미용 안전 · 위생관리 〈2402010601_15v1〉_3수준 애완동물미용 기자재관리 〈2402010602_15v1〉_3수준 애완동물미용 고객 상담 〈2402010603_15v1〉_3수준		
교과목표	1. 애완동물미용 안전 · 위생관리란 작업장 내의 작업자와 애완동물의 사고 예방과 위생관리를 위해 사전 안전교육, 장비 점검을 하고 작업장과 작업자, 작업 도구의 청결을 유지 · 관리하는 능력이다. 2. 애완동물미용 기자재관리란 애완동물 미용 기자재의 위생과 성능 유지를 위하여 미용 도구와 미용 소모품을 관리하고, 미용 장비를 유지 · 보수하는 능력이다. 3. 애완동물미용 고객 상담이란 고객의 요구 조건 파악과 애완동물에 필요한 서비스를 제공하기 위해 고객 응대, 관리차트 작성, 애완동물 상태확인, 스타일 상담, 미용 후 관리 업무를 수행하는 능력이다.		

2. 능력단위별 교과내용

능력단위 명칭	단원명 (능력단위 요소명)	교과내용	
애완동물미용 안전 · 위생관리 2402010601_ 15v1	안전교육하기 2402010601_ 15v1.1	1.1 안전한 작업을 위해 작업자 안전 수칙을 사전에 파악할 수 있다. 1.2 안전교육을 통해 작업자에게 발생할 수 있는 안전사고 종류를 파악하고 예방, 대처할 수 있다. 1.3 안전교육을 통해 애완동물에게 발생할 수 있는 안전사고의 종류를 파악하고 예방, 대처할 수 있다. 1.4 안전교육을 통해 작업장 내의 화재, 누전, 누수 사고를 예방, 대처할 수 있다. 1.5 안전교육을 통해 작업도중 발생한 안전사고에 대한 응급처치 요령을 파악하고 대처할 수 있다.	
		지식	• 애완동물미용 작업자 안전수칙 • 작업자에게 발생하는 안전사고의 종류 • 애완동물에게 발생하는 안전사고의 종류 • 애완동물 응급처치 요령 • 애완동물의 성향 · 행동에 대한 지식
		기술	• 작업도구 사용 기술 • 작업장비 사용 기술 • 고객과의 상담 기술 • 애완동물의 성향 파악 능력
		태도	• 애완동물의 성향과 행동을 파악하려는 노력 • 안전사고를 미연에 방지하려는 노력 • 작업장 안전수칙 준수의지

<table>
<tr><th>능력단위 명칭</th><th>단원명
(능력단위 요소명)</th><th colspan="2">교과내용</th></tr>
<tr><td rowspan="9">애완동물미용
안전 · 위생관리
2402010601_
15v1</td><td rowspan="4">안전장비
점검하기
2402010601_
15v1.2</td><td colspan="2">2.1 미용 작업대기, 작업시의 안전사고 방지를 위해 안전장비 점검 항목을 파악할 수 있다.
2.2 애완동물 대기 장소 내의 안전장비를 점검할 수 있다.
2.3 애완동물의 미끄러짐과 낙상 방지를 위한 안전장비를 점검할 수 있다.
2.4 안전사고 예방을 위해 도주, 물림방지 도구를 점검할 수 있다.
2.5 일일 · 수시 · 정기적으로 점검 결과를 점검결과표에 작성하고 문제점 발견 시 조치할 수 있다.</td></tr>
<tr><td>지식</td><td>• 애완동물 물림방지 도구의 종류
• 물림방지 도구 활용 지식
• 안전펜스 활용 지식
• 개체별 성향(사나움, 예민함)에 맞는 대기 장소 선정에 관한 지식</td></tr>
<tr><td>기술</td><td>• 테이블 고정 암 사용 기술
• 물림방지 도구 사용 기술
• 입마개 착용 후 애완동물 상태 파악 능력</td></tr>
<tr><td>태도</td><td>• 대기 장소 · 도주방지 펜스의 안전 상태를 철저하게 확인하려는 노력
• 테이블 고정 암 사용 중 애완동물 상태 파악 노력
• 대기 장소 사용 시 애완동물을 배려하는 태도
• 물림방지 도구 사용 시 애완동물의 상태 파악 노력
• 안전장비 파손 여부를 수시로 확인하려는 태도</td></tr>
<tr><td rowspan="2">미용 숍
위생관리하기
2402010601
_15v1.3</td><td colspan="2">3.1 미용 숍의 위생관리를 위한 작업장 청결상태, 미용 도구 위생관리 점검 항목을 파악할 수 있다.
3.2 애완동물에 위해를 미치지 않는 소독제의 종류를 파악할 수 있다.
3.3 애완동물 대기 장소를 수시로 점검하여 청결하게 유지 관리할 수 있다.
3.4 미용 작업 전 · 후 작업장 내의 미용시설을 청소하고 소독방법에 따라 소독할 수 있다.
3.5 미용 작업 전 · 후 소독방법에 따라 미용 도구를 소독할 수 있다.
3.6 수시로 작업장의 실내공기를 환기시킬 수 있다.
3.7 작업장의 청결 상태와 미용 도구의 소독 상태 점검결과를 위생관리 점검표에 작성할 수 있다.</td></tr>
<tr><td>지식</td><td>• 작업장 점검 항목
• 소독에 대한 기본 개념
• 소독제 사용 주의사항
• 소독제 사용 방법
• 청소도구 사용 방법
• 미용 도구의 종류
• 미용 도구 관리 지식
• 소독에 대한 기본 개념</td></tr>
</table>

<table>
<tr><th>능력단위 명칭</th><th>단원명
(능력단위 요소명)</th><th colspan="2">교과내용</th></tr>
<tr><td rowspan="6">애완동물미용
안전 · 위생관리
2402010601_
15v1</td><td rowspan="2">미용 숍 위생관리하기
2402010601
_15v1.3</td><td>기술</td><td>• 작업장 점검 항목 작성 능력
• 미용 도구 소독관리 항목 작성 능력
• 용도별 미용 도구 소독 기술
• 소독제 사용 기술
• 청소도구 사용 기술</td></tr>
<tr><td>태도</td><td>• 작업장 위생관리를 위한 세심함과 적극적인 태도
• 미용 도구의 위생관리를 위한 세심함과 적극적인 태도
• 애완동물 질병 감염 방지를 위한 노력
• 소독제의 정확한 사용법 숙지 노력
• 애완동물 오물 처리에 대한 적극적인 태도
• 애완동물 개체간의 질병 감염 방지를 위한 노력</td></tr>
<tr><td rowspan="4">작업자
위생관리하기
2402010601
_15v1.4</td><td colspan="2">4.1 미용 작업 시의 청결과 위생을 위한 작업자 위생관리 점검 항목을 파악할 수 있다.
4.2 애완동물에 위해를 주지 않는 소독제의 종류를 파악할 수 있다.
4.3 애완동물 질병 감염 방지를 위해 작업자의 손을 수시로 세척, 소독하여 청결을 유지할 수 있다.
4.4 애완동물의 안전사고와 질병 감염 방지를 위해 작업자의 손톱을 수시로 관리하여 청결을 유지할 수 있다.
4.5 작업복과 작업자용 신발을 수시로 소독하여 청결을 유지할 수 있다.</td></tr>
<tr><td>지식</td><td>• 작업자 위생관리 항목
• 소독에 대한 기본 개념
• 소독제 사용 주의사항에 관한 지식
• 손과 손톱 청결관리에 관한 지식
• 작업복과 작업용 신발 세척 · 소독 지식</td></tr>
<tr><td>기술</td><td>• 작업자 위생관리 항목 작성 능력
• 손과 손톱 청결관리 기술
• 작업복과 작업용 신발 세척 · 소독 기술</td></tr>
<tr><td>태도</td><td>• 작업자의 청결유지를 위한 지속적 자세
• 애완동물 질병 감염 방지 노력
• 과도한 액세서리 착용 회피 노력</td></tr>
<tr><td>애완동물미용
기자재관리
2402010602_
15v1</td><td>미용 도구
관리하기
2402010602
_15v.1.1</td><td colspan="2">1.1 미용 작업에 필요한 도구의 종류를 파악할 수 있다.
1.2 미용 도구의 올바른 사용을 위하여 매뉴얼을 숙지할 수 있다.
1.3 소독방법에 따라 미용 도구를 소독할 수 있다.
1.4 위생관리점검표에 따라 미용 도구의 소독상태를 점검할 수 있다.
1.5 미용 도구의 기능 유지를 위하여 주기적으로 성능을 점검할 수 있다.
1.6 미용 도구의 손상과 망실 방지를 위하여 도구함에 정리, 정돈할 수 있다.</td></tr>
</table>

<table>
<tr><th>능력단위 명칭</th><th>단원명
(능력단위 요소명)</th><th colspan="2">교과내용</th></tr>
<tr><td rowspan="9">애완동물미용
기자재관리
2402010602_
15v1</td><td rowspan="3">미용 도구
관리하기
2402010602
_15v.1.1</td><td>지식</td><td>• 미용 도구 사용 방법
• 미용 도구 보관 방법
• 미용 도구 윤활제 사용 지식
• 미용 도구 점검 시기
• 미용 도구 매뉴얼 지식</td></tr>
<tr><td>기술</td><td>• 미용 도구 사용 기술
• 미용 도구 매뉴얼 활용 능력
• 미용 도구 보관 기술
• 미용 도구 윤활제 사용 능력
• 미용 도구 점검 능력</td></tr>
<tr><td>태도</td><td>• 미용 도구의 위생 관리를 위한 세심함과 적극적인 태도
• 미용 도구의 성능 유지 노력
• 미용 도구 관리 작업 시 안전사고 주의 노력</td></tr>
<tr><td rowspan="4">미용 소모품
관리하기
2402010602_
15v1.2</td><td colspan="2">2.1 미용 작업에 필요한 소모품의 종류를 파악하고 위생 상태를 점검할 수 있다.
2.2 소모품 부족을 방지하기 위하여 점검표를 활용해 정기적으로 재고를 파악할 수 있다.
2.3 구매처 관리를 통해 소모품을 구매할 수 있다.
2.4 소모품의 허실 방지를 위해 정확한 사용 방법을 파악할 수 있다.</td></tr>
<tr><td>지식</td><td>• 미용 소모품의 종류
• 미용 소모품 사용 방법
• 미용 소모품 보관 방법
• 미용 소모품 유통 기한</td></tr>
<tr><td>기술</td><td>• 미용 소모품 점검표 작성 능력
• 미용 소모품 사용 기술
• 미용 소모품 보관 기술
• 미용 소모품 재고 관리 능력</td></tr>
<tr><td>태도</td><td>• 미용 소모품의 허실을 방지하려는 노력
• 미용 소모품 유통 기한 준수
• 미용 소모품을 정리, 정돈하려는 자세
• 미용 소모품의 정확한 사용 방법 숙지 노력
• 미용 소모품 관리 소홀로 인한 사고 방지 노력</td></tr>
<tr><td>미용 장비
유지보수하기
2402010602
_15v1.3</td><td colspan="2">3.1 미용 장비의 올바른 사용을 위하여 장비 매뉴얼을 숙지할 수 있다.
3.2 미용 장비의 성능과 청결을 유지하기 위해 점검표를 활용하여 정기적으로 점검하고 소독할 수 있다.
3.3 안전사고 방지와 성능 유지를 위해 미용 장비의 이물질을 제거하고 청소할 수 있다.
3.4 애완동물 미용 작업 시 안전사고를 방지하기 위하여 노후, 손상된 미용 장비를 교체하고 수리를 의뢰할 수 있다.</td></tr>
</table>

<table>
<tr><th>능력단위 명칭</th><th>단원명
(능력단위 요소명)</th><th colspan="2">교과내용</th></tr>
<tr><td rowspan="3">애완동물미용
기자재관리
2402010602_
15v1</td><td rowspan="3">미용 장비
유지보수하기
2402010602
_15v1.3</td><td>지식</td><td>• 미용 장비 사용 방법
• 미용 장비 매뉴얼 이해
• 미용 장비 점검 시기
• 전기 안전 수칙</td></tr>
<tr><td>기술</td><td>• 미용 장비 사용 운용 기술
• 미용 장비 매뉴얼 활용 능력
• 미용 장비 점검 기술</td></tr>
<tr><td>태도</td><td>• 미용 장비의 매뉴얼 숙지 노력
• 미용 장비 성능 유지 노력
• 주기적인 장비 점검 의지
• 미용 작업 시 안전사고 미연 방지 노력</td></tr>
<tr><td rowspan="4">애완동물
미용 고객 상담
2402010603
_15v1</td><td rowspan="4">고객 응대하기
2402010603
_15v1.1</td><td colspan="2">1.1 고객응대매뉴얼에 따라 밝은 미소와 부드러운 어조로 고객에게 좋은 인상을 줄 수 있다.
1.2 고객 상담 시 고객과 애완동물이 함께 편안하게 느낄 수 있도록 분위기를 조성할 수 있다.
1.3 고객 요구 사항에 대한 의견 청취를 통하여 고객의 방문동기를 파악할 수 있다.
1.4 고객으로부터 애완동물 개체 특성과 주의사항을 파악할 수 있다.
1.5 애완동물 행동에 대한 이해를 통해 동물과의 친밀도를 높일 수 있다.
1.6 정기적인 고객 응대 교육을 통해 불만 고객 응대를 유연하게 할 수 있다.</td></tr>
<tr><td>지식</td><td>• 고객응대매뉴얼에 관한 지식
• 고객 상담기법 지식
• 애완동물 행동에 관한 지식
• 예의와 예절에 관한 지식</td></tr>
<tr><td>기술</td><td>• 고객 상담 기술
• 애완동물 행동파악 능력
• 고객응대서비스 능력
• 애완동물과의 친화 능력
• 전화대응 능력</td></tr>
<tr><td>태도</td><td>• 고객이 편안하게 상담할 수 있는 분위기 조성 의지
• 애완동물에게 편안한 환경을 만들려는 노력
• 친절한 서비스를 제공하려는 자세
• 고객의 요구사항을 수용하려는 경청의 자세
• 애완동물을 배려하려는 의지</td></tr>
</table>

<table>
<tr><th>능력단위 명칭</th><th>단원명
(능력단위 요소명)</th><th colspan="2">교과내용</th></tr>
<tr><td rowspan="8">애완동물
미용 고객 상담
2402010603
_15v1</td><td rowspan="4">고객관리차트
작성하기
2402010603_
15v1.2</td><td colspan="2">2.1 고객관리차트 작성매뉴얼에 따라 고객 정보, 방문동기, 고객 요구 스타일을 기록할 수 있다.
2.2 고객관리차트 작성매뉴얼에 따라 애완동물의 품종, 성별, 나이, 건강상태, 개체 특징을 기록할 수 있다.
2.3 고객관리차트 작성매뉴얼에 따라 애완동물의 피모 상태를 파악하여 기록할 수 있다.
2.4 고객관리차트 작성매뉴얼에 따라 애완동물의 생활환경을 파악하여 기록할 수 있다.
2.5 미용 숍에 걸려온 전화정보를 고객관리차트 작성매뉴얼에 기록할 수 있다.</td></tr>
<tr><td>지식</td><td>• 관리차트 작성 항목
• 애완동물 품종에 관한 지식
• 애완동물 피모에 관한 지식
• 개인정보보호법</td></tr>
<tr><td>기술</td><td>• 고객 상담 기술
• 고객관리프로그램 활용 능력
• 문서작성 능력
• 고객과의 의사소통 능력
• 컴퓨터 활용 능력
• 전화응대 능력</td></tr>
<tr><td>태도</td><td>• 고객 정보 보호의지
• 애완동물 특성에 관한 정확한 기록 노력
• 고객의 특성을 파악하여 차별화된 서비스 제공 노력</td></tr>
<tr><td rowspan="4">애완동물 상태
확인하기
2402010603
_15v1.3</td><td colspan="2">3.1 고객과의 불필요한 마찰을 예방하기 위해 애완동물의 기초 신체검사를 실시할 수 있다.
3.2 고객과의 불필요한 마찰을 예방하기 위해 애완동물의 피모 상태를 파악할 수 있다.
3.3 고객과 작업자가 생각하는 피모 상태 · 건강상의 문제가 다른 경우 그 차이를 설명할 수 있다.
3.4 애완동물의 상태에 따라 미용 시 불의의 사고가 발생될 수 있는 문제점에 대해 설명하고 동의를 받을 수 있다.</td></tr>
<tr><td>지식</td><td>• 애완동물 미용 이론
• 애완동물 신체 지식
• 애완동물 행동에 관한 지식</td></tr>
<tr><td>기술</td><td>• 고객 상담 기술
• 애완동물 행동파악 능력
• 고객응대서비스 능력
• 애완동물과의 친화 능력</td></tr>
<tr><td>태도</td><td>• 애완동물을 사랑하는 태도
• 애완동물에게 편안한 환경을 만들려는 노력
• 고객이 편안하게 상담할 수 있는 분위기 조성 의지</td></tr>
</table>

능력단위 명칭	단원명 (능력단위 요소명)	교과내용	
애완동물 미용 고객 상담 2402010603 _15v1	스타일 상담하기 2402010603_ 15v1.4	4.1 스타일북, 사진을 활용하여 고객이 선호하는 스타일을 파악할 수 있다. 4.2 애완동물의 개체별 특성에 맞는 스타일을 제시할 수 있다. 4.3 애완동물의 피모상태에 맞는 미용용품을 제시할 수 있다. 4.4 고객관리차트를 활용하여 기존미용과 연계하여 관리방법을 제시할 수 있다. 4.5 고객 요청 사항과 실현 가능한 애완동물 미용방법을 접목시켜 설명할 수 있다. 4.6 요금표에 의거하여 미용스타일의 비용을 책정하여 설명할 수 있다.	
		지식	• 고객응대매뉴얼에 관한 지식 • 고객 상담기법 지식 • 예의와 예절에 관한 지식 • 애완동물 미용 이론 • 애완동물 신체 지식 • 애완동물 행동에 관한 지식
		기술	• 서비스 가능한 미용스타일 계획 능력 • 고객 상담 기술 • 고객응대서비스 능력 • 애완동물과의 친화 능력
		태도	• 고객이 편안하게 상담할 수 있는 분위기 조성 의지 • 고객의 요구사항을 수용할 수 있도록 경청의 자세 • 애완동물을 사랑하는 태도 • 애완동물에게 편안한 환경을 만들려는 노력 • 친절한 서비스를 제공하려는 자세 • 고객의 요구사항을 수용하려는 경청의 자세
	작업 후 고객 상담하기 2402010603 _15v1.5	5.1 고객과의 대화를 통해 만족여부를 확인할 수 있다. 5.2 고객에게 미용 시 발생한 애완동물의 특이 행동을 설명할 수 있다. 5.3 미용 후 발생할 수 있는 증상에 대해 고객에게 설명할 수 있다. 5.4 애완동물의 미용스타일과 피모의 유지관리계획에 대해 설명할 수 있다. 5.5 서비스 품질 향상을 위해 고객에게 전화, 문자를 통해 피드백을 받을 수 있다.	
		지식	• 고객응대매뉴얼에 관한 지식 • 고객 상담기법 지식 • 예의와 예절에 관한 지식 • 애완동물 미용 이론 • 애완동물 신체 지식 • 애완동물 행동에 관한 지식

능력단위 명칭	단원명 (능력단위 요소명)	교과내용	
애완동물 미용 고객 상담 2402010603 _15v1	작업 후 고객 상담하기 2402010603 _15v1.5	기술	• 서비스 가능한 미용스타일 계획 능력 • 고객 상담 기술 • 고객응대서비스 능력 • 애완동물과의 친화 능력
		태도	• 고객이 편안하게 상담할 수 있는 분위기 조성 의지 • 고객의 요구사항을 수용할 수 있도록 경청의 자세 • 애완동물을 사랑하는 태도 • 애완동물에게 편안한 환경을 만들려는 노력 • 친절한 서비스를 제공하려는 자세 • 고객의 요구사항을 수용하려는 경청의 자세

PART Ⅰ

안전 위생 관리

1. 안전 교육하기
2. 안전 장비 점검하기
3. 미용 숍 위생 관리하기
4. 작업자 위생 관리하기

PART Ⅰ 안전 위생 관리

1. 안전 교육하기

학습내용(단원명)	수업 목표
안전 수칙 파악	• 안전한 작업을 위해 작업자 안전 수칙을 사전에 파악할 수 있다.
안전사고의 종류 파악 및 대처	• 안전 교육으로 작업자에게 발생할 수 있는 안전사고의 종류를 파악하고 예방, 대처할 수 있다. • 안전 교육으로 반려동물에게 발생할 수 있는 안전사고의 종류를 파악하고 예방, 대처할 수 있다. • 안전 교육으로 작업장의 화재, 누전, 누수 사고를 예방, 대처할 수 있다. • 안전 교육으로 작업 중 발생한 안전사고의 응급 처치 요령을 파악하고 대처할 수 있다.

1. 안전 수칙

1. 작업장 안전 수칙

동물 미용법에서의 작업장은 동물대기실과 고객응대실과 분리되어 있어야 하며, 실제로 반려동물의 미용을 작업하는 공간으로서 미용 도구 및 기자재들이 있으므로 항상 안전에 주의를 기울여야 하며 화재, 누수, 전기사고 등의 안전점검 사항을 숙지하고 있어야 한다.

작업장의 안전 점검표를 작성하여 필요 점검 일자를 정하여 일 단위, 주 단위, 월 단위로 안전점검을 실시하도록 한다.

2. 작업자 안전 수칙

① 작업자는 미용 숍 전체의 전기, 물, 각종 화학제품과 같은 모든 시설 및 기자재를 주기적으로 점검하여야 한다.

② 작업자는 미용 숍 전체의 청결을 항상 유지해야 하며, 이것은 작업자뿐만 아닌 반려동물의 안전과도 연관이 되어있다.

③ 작업자는 작업 중 반려동물과 미용작업에만 집중을 하도록 하며, 미용 숍에서 뛰거나 장난을 치지 않도록 한다.

④ 작업자는 작업장에서는 정해진 복장만을 착용하며, 음주나 흡연 등의 안전을 위협하는 행동은 절대 하지 않는다.

⑤ 작업자는 작업자 안전 수칙을 미용 숍 내부에 부착하여 항시 체크할 수 있도록 해야 하며, 작업을 시작하기 전에 다시 숙지하도록 해야 한다. 혹시 어긋난 점이 발견된 경우에는 즉시 행동을 수정하도록 해야 한다.

3. 고객 안전 교육

미용 숍에 방문한 고객에게 사전에 필요한 안전 교육을 하여, 미용 숍에서 뿐만 아니라 귀가 후에도 사고가 일어나지 않도록 철저히 예방한다.

Check point

동물보호법 시행규칙 [별표 9] 〈개정 2021. 6. 17.〉
반려동물 관련 영업별 시설 및 인력 기준(제35조 관련)

1. 공통 기준

가. 영업장은 독립된 건물이거나 다른 용도로 사용되는 시설과 같은 건물에 있을 경우에는 해당 시설과 분리(벽이나 층 등으로 나누어진 경우를 말한다. 이하 같다)되어야 한다. 다만, 다음의 경우에는 분리하지 않을 수 있다.

1) 영업장(동물장묘업은 제외한다)과 「수의사법」에 따른 동물병원(이하 "동물병원"이라 한다)의 시설이 함께 있는 경우

2) 영업장과 금붕어, 앵무새, 이구아나 및 거북이 등을 판매하는 시설이 함께 있는 경우

3) 제2호라목1)바)에 따라 개 또는 고양이를 소규모로 생산하는 경우

나. 영업 시설은 동물의 습성 및 특징에 따라 채광 및 환기가 잘 되어야 하고, 동물을 위생적으로 건강하게 관리할 수 있도록 온도와 습도 조절이 가능해야 한다.

다. 청결 유지와 위생 관리에 필요한 급수시설 및 배수시설을 갖춰야 하고, 바닥은 청소와 소독을 쉽게 할 수 있고 동물들이 다칠 우려가 없는 재질이어야 한다.

라. 설치류나 해충 등의 출입을 막을 수 있는 설비를 해야 하고, 소독약과 소독장비를 갖추고 정기적으로 청소 및 소독을 실시해야 한다.

마. 영업장에는 「화재예방, 소방시설 설치 · 유지 및 안전관리에 관한 법률」 제9조제1항에 따라 소방시설을 소방청장이 정하여 고시하는 화재안전기준에 적합하게 설치 또는 유지 · 관리해야 한다.

바. 영업장에 「개인정보 보호법」 제2조제7호에 따른 영상정보처리기기(이하 "영상정보처리기기"라 한다)를 설치 · 운영하는 경우에는 「개인정보 보호법」 등 관련 법령을 준수해야 한다.

2. 개별 기준

– 중략 –

사. 동물 미용업

1) 고정된 장소에서 동물미용업을 하는 경우에는 다음의 시설기준을 갖춰야 한다.

가) 미용 작업실, 동물대기실 및 고객 응대실은 분리 또는 구획되어야 한다. 다만, 동물판매업, 동물위탁관리업, 동물전시업 또는 동물병원을 같이 하는 경우에는 동물대기실과 고객응대실을 공동으로 이용할 수 있다.

나) 미용작업실에는 미용을 위한 미용작업대와 충분한 작업 공간을 확보하고, 미용작업대에는 동물이 떨어지는 것을 방지하기 위한 고정장치를 갖출 것

다) 미용작업실에는 소독기 및 자외선살균기 등 미용기구를 소독하는 장비를 갖출 것

라) 미용작업실에는 동물의 목욕에 필요한 충분한 크기의 욕조, 급 · 배수시설, 냉 · 온수설비 및 건조기를 갖출 것

마) 미용 중인 동물의 상태를 확인할 수 있는 영상정보처리기기를 사각지대의 발생이 최소화될 수 있도록 설치할 것

(출처: 동물보호법 시행규칙 일부개정 2021. 6. 17. [농림축산식품부령 제482호, 시행 2022. 6. 18.] 농림축산식품부 > 종합법률정보 법령)

2. 안전사고의 종류와 대처방법

1. 작업장에서 발생할 수 있는 안전사고의 종류에 따른 대처방법과 예방방법

(1) 화재

사람의 부주의나 전기적 요인, 인화성 유지류의 요인, 담뱃불, 방화 등의 다양한 원인에 의하여 발생할 수 있다.

표 1-1 화재의 구분

화재의 분류	분류 색상	원인 물질	소화방법	비고
일반화재 (A급)	백색	나무, 솜, 종이, 고무 등 일반 가연성 물질에 의한 화재	물	재가 남음
유류가스화재 (B급)	황색	석유, 벙커D유, 타르, 페인트, 가스, LNG, LPG	토사나 소화기	재가 남지 않음
전기화재 (C급)	청색	전기 스파크, 단락, 과부하 등	질식 소화 특수소화기	물은 감전 위험
금속화재 (D급)	무색	철분, 마그네슘, 칼륨, 나트륨, 지르코늄 등의 금속물질	마른 모래의 질식 소화 특수소화기	물은 폭발 위험

[대처방법] 국민재난안전포털, 국민행동요령

① 불이 난 것을 발견하면 소리치거나 비상벨을 눌러 주변에 알린다.

② 연기가 들어오는 방향과 출입문 손잡이를 만져보아 출입문으로 나갈지, 창문으로 구조를 요청할지 결정한다.

③ 대피할 때는 엘리베이터를 절대 이용하지 않고 계단을 통하여 반려동물과 함께 안전하게 대피한다.

④ 안전하게 대피 후 119에 신고한다. 최대한 신속하게 신고를 해야 하지만 신고를 하느라 대피시간을 놓쳐서는 안 된다.

Check point

■ 소화기 사용법

1. 소화기를 가져와서 몸통을 단단히 잡고 안전핀을 뽑는다.
2. 노즐을 잡고 불쪽을 향해 가까이 이동한다.
3. 손잡이를 꽉 움켜쥔다.
4. 바람을 등지고 분말이 골고루 불을 덮을 수 있도록 쏜다.

■ 소화기 사용법

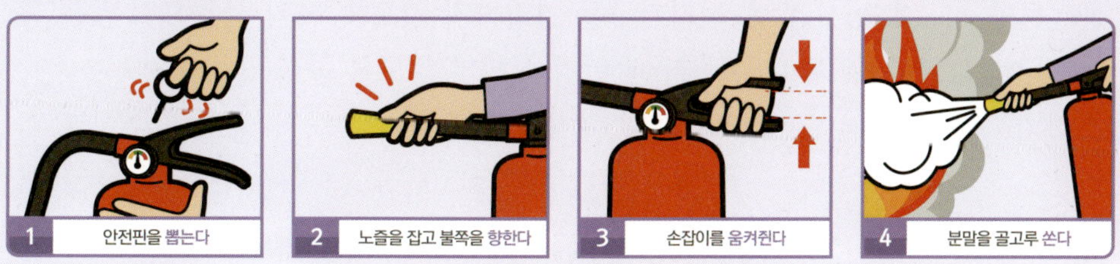

■ 소화전 사용법 (2인1조로 사용할 경우)

1. 2명 중 1명이 먼저 소화전함의 문을 열고 호스와 노즐이 연결되어 있는지 확인한 후
2. 호스를 밖으로 꼬이지 않도록 불이 난 곳까지 길게 늘어뜨린 후 노즐을 잡고 방수자세를 취한다.
3. 다른 한 사람이 밸브를 돌려 물이 나오는 것을 확인한 후 뛰어가서 호스를 잡는 것을 도와준다.
4. 노즐의 끝을 돌려 물의 양을 조절해가며 불을 끈다.

■ 소화전 사용법

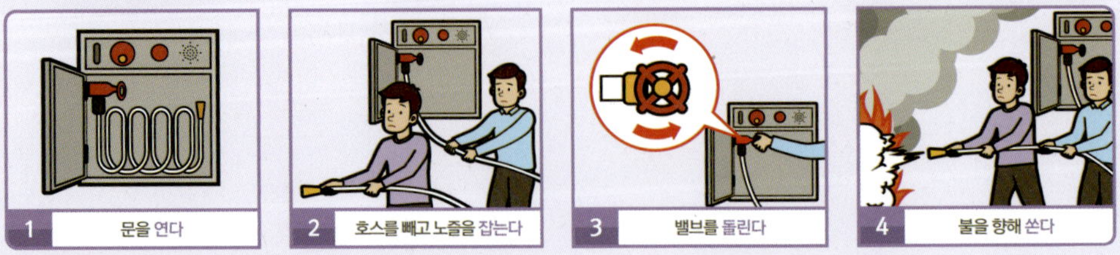

■ 옷에 불이 붙었을 때

1. 옷에 불이 붙었을 때는 하던 일을 멈추고
2. 얼굴(눈, 코, 입)에 화상을 입지 않도록 두 손으로 감싸도록 한다.
3. 바닥에 엎드린 후
4. 몸을 뒹굴어서 불이 꺼지도록 한다.

출처: 국민재난안전포털〉사회재난행동요령〉화재〉화재발생시 국민행동요령
http://www.safekorea.go.kr

[예방방법]

① 전기 기자재가 작동을 제대로 하지 않거나 냄새가 나면 바로 사용을 멈추고 전원을 차단하고 전문가에게 점검을 받는다.
② 전선이 부분적으로 끊어지거나 피복이 벗겨진 경우는 즉시 교체를 한다.
③ 전선은 용량에 맞는 것을 사용해야 하며, 파손되지 않도록 보호한다.
④ 전열기 옆에 인화성이 있는 물건을 두지 않는다.
⑤ 사용하지 않는 전기기구는 콘센트를 뽑아두고, 수시로 전기기구의 상태를 확인한다.
⑥ 콘센트에 동시에 너무 많은 전기기구를 연결하지 않도록 하며 사용하지 않는 콘센트는 안전 커버를 씌워놓고, 콘센트에 먼지가 끼지 않도록 한다.
⑦ 소화기는 잘 보이는 곳에 비치하고 습기나 햇빛에 노출되지 않도록 수시로 확인한다.

(2) 전기사고(단락, 누전, 전기 스파크, 과부하)

대부분 전기사고의 경우는 안전점검 미흡과 전기기구 취급 부주의로 인하여 발생하므로 주의를 조금 더 기울인다면 예방할 수 있는 사고이다.

[대처방법]

① 작업장의 누전차단기가 내려간 경우에는 전기가 통하지 않는 장갑을 착용하여 차단기를 올린다.
② 전기기구들은 전원을 모두 끄고 콘센트를 분리한다.
③ 누전차단기를 올려도 다시 내려갈 경우에는 전기 관련 전문기사나 관리사무소의 도움을 요청한다.

[예방방법]

① 퓨즈나 과전류 차단기는 알맞은 용량의 것을 사용하며, 용량에 적합한 전선을 사용하고 노후된 전선은 교체한다.
② 전기기구나 콘센트 주변에 전기가 통할 수 있는 물질을 제거한다.
③ 모든 전선은 열이나 외부 충격에 노출되지 않도록 보호관으로 보호한다.
④ 전선을 고정하기 위하여 못이나 스테이플러를 사용하지 않도록 한다.
⑤ 배선을 분류하여 배선별로 누전차단기를 설치한다.
⑥ 전선 피복의 손상 여부와 전선의 상태를 수시로 확인한다.
⑦ 콘센트에 동시에 여러 개의 플러그를 꽂아 사용하지 않는다.
⑧ 전기기구 주위에 가구, 위험물, 가연물을 두지 않는다.
⑨ 전기기구를 사용 후에는 플러그를 분리해 놓는다.
⑩ 전기를 사용하는 발열 기구를 장시간 사용하지 않도록 한다.

(3) 정전

[대처방법]

① 작업 중이면 작업을 멈추고 반려동물은 안전한 곳으로 옮겨 놓는다.
② 미용 숍만 정전인지, 주변과 같이 정전인지 잠시 확인하면서 자동으로 전원이 다시 공급되기를 기다린다.
③ 스마트폰이나 라디오 등의 매체를 확인하고, 관리사무소와 가까운 동사무소나 파출소, 소방서 등에 연락하여 정전상황을 확인한다.
④ 정전이 되었을 때는 플러그를 뽑고 스위치를 꺼둔다.
⑤ 전기가 재공급되면 전기기구의 플러그를 순서대로 천천히 꼽는다.
⑥ 반려동물의 보호자에게 연락하여 정전으로 인하여 미용 작업이 지연되었음을 안내한다.
⑦ 미용 숍에 냉장 기구가 있다면 냉장 기구 안의 상태를 확인한다.

[예방(사전대비)방법]

① 불시 정전에 대비하여 손전등, 휴대용 라디오 등을 사전에 준비해 둔다.
② 전기기구의 과부하 사용은 정전과 화재의 원인이 될 수 있으므로 각각의 전용 콘센트를 사용하고 동시 사용을 자제한다.
③ 정전을 감지할 수 있는 경보기를 설치하는 것이 좋다.
④ 정전신고는 국번 없이 123(한국전력공사콜센터)으로 한다.

(4) 누수

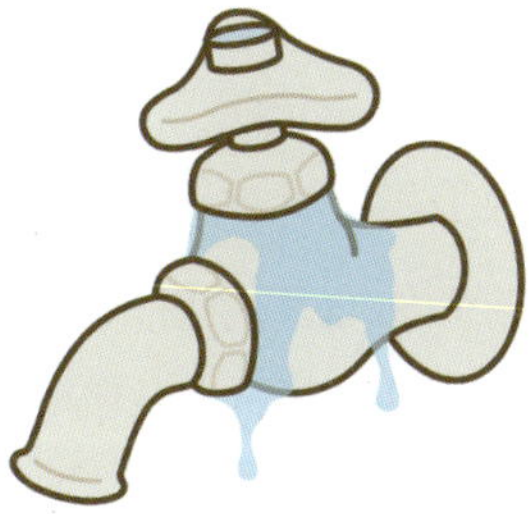

[대처방법]

① 누수의 상태를 확인한다.
② 수도 계량기를 잠그고, 물이 나오지 않는지 확인한다.
③ 물이 새는 곳이 있다면 양동이로 받치고, 물이 튀지 않도록 수건으로 물이 새는 곳을 덮는다.
④ 전기기구를 누수 부위에서 떨어뜨려 놓는다. 그렇지 못할 경우에는 누수되는 물이 전기기구에 닿지 못하도록 여러 장의 수건을 덮어놓는다.
⑤ 관리사무소에 연락하거나 관련 전문기사에게 방문을 요청한다.

[예방방법]

① 평소에 수도꼭지나 다른 벽면에서 물이 새는 곳이 없는지 수시로 확인한다.
② 누수의 의심이 되는 곳이 있다면 곧바로 관리사무소나 전문기사에게 수리를 요청한다.

3. 작업자에게 발생할 수 있는 안전사고

(1) 반려동물에 의한 가벼운 교상

[대처방법]

① 흐르는 물에 비누로 상처 부위를 깨끗이 씻는다.
② 클로르헥시딘이나 포비돈으로 상처 부위를 소독한다.
③ 출혈이 있을 경우에는 멸균 거즈나 멸균 솜으로 상처 부위를 15분간 압박한다.
④ 15분 이상 압박을 해도 출혈이 멈추지 않을 경우는 상처 부위 압박을 유지한 상태로 병원으로 이동하여 치료를 받는다.

⑤ 지혈이 되었을 경우 비상 상비 연고를 바르고 반창고를 붙여 상처를 보호한다.

⑥ 심하게 붓거나 농이 나오면 병원치료를 받도록 한다.

[예방방법]

① 반려동물의 부정적인 감정 상태를 표현하는 반려동물의 언어(Body Language)를 이해하고 있어야 한다. 반려동물의 공격성의 원인은 대부분이 두려움이다. 따라서 개와 고양이의 두려움을 표현하는 몸짓을 미리 알아두어야 한다.

Check point

■ 카밍 시그널(calming signal)

상대를 온화하게 하고 진정시키며 조용하게 만드는 개들의 신호를 일컫는다. 개들은 자신이 공포를 느끼거나 스트레스 혹은 불안감을 느낄 때, 이런 신호를 통해 자신과 주위의 동료를 진정시키고 무리를 안정시킨다.

'그 상황을 완화시켜 상대에게도 같은 태도를 취하게 하여 서로 양보하는 효과'

– 레이하우센, Leyhausen, 1973

'복종의 자세가 아니라 자신과 상대의 사회적 지위에 영향을 주지 않고 무승부로 그 장소를 떠나는 기회를 경쟁상대에게 제공하는 것' – 헷츠, Hetts, 2000

Check point

■ 공포를 느끼는 반려견의 행동

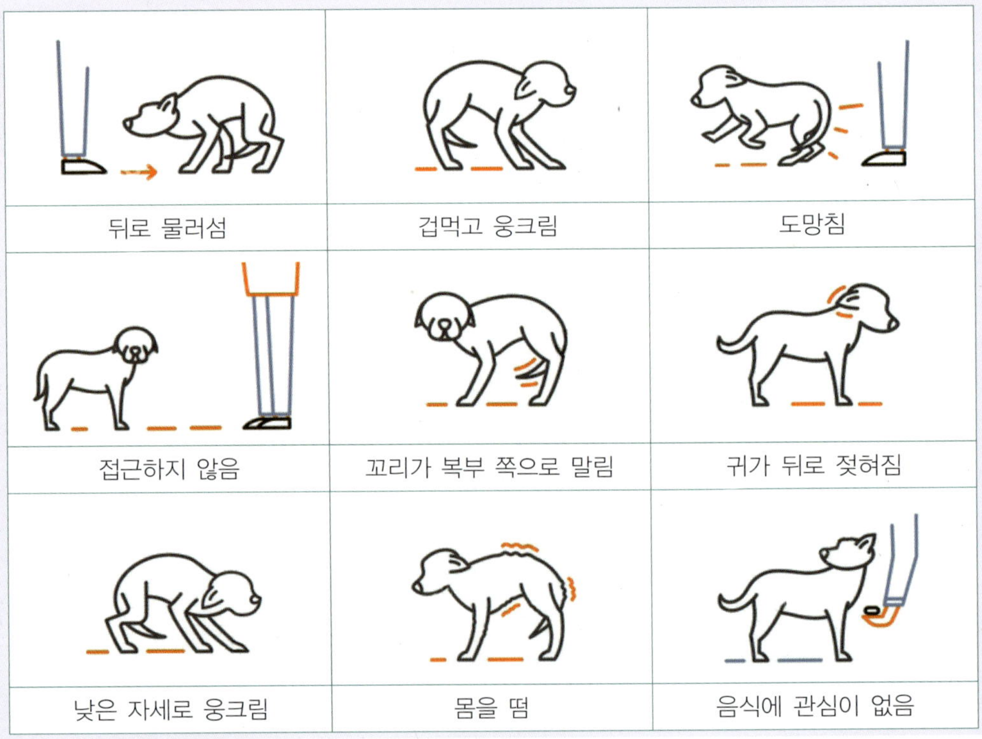

■ 공포와 불안을 느끼는 반려묘의 행동

★ 약간 불안: 약간 웅크림	★ 많이 불안: 잔뜩 웅크림

귀를 뒤로 하고 털을 세움	과도한 털 손질

불안하게 꼬리를 움직이며 옆으로 누움	머리와 꼬리를 아래로 하고 허리를 펴고 걸음

점프 준비	숨음, 졸려보임

② 반려동물이 부정적인 감정 상태인 경우에는 억지로 잡거나 얼굴이나 손을 반려동물 가까이 대지 않아야 하며, 큰소리를 내거나 반려동물을 흥분시키는 행동은 삼가야 한다.

③ 반려동물이 편안한 상태가 되도록 잠시 기다려주며, 반려동물이 조용한 독립공간에서 대기할 수 있도록 한다.

④ 물림방지 도구를 준비하고 사용법을 잘 익힌 후 사용하도록 한다.

(2) 반려동물에 의한 심한 교상

[대처방법]

① 상처의 상태를 확인한다. 뼈가 드러나거나 골절 또는 출혈이 심한지, 그리고 움직일 수 있는지를 확인한다.

② 움직일 수 있다면 상처 부위를 멸균 거즈나 소독 솜으로 덮어 압박하면서 병원으로 이동해 치료를 받는다.

③ 움직일 수 없다면 119에 전화하여 도움을 요청한다.

[예방방법]

① 반려동물의 부정적인 감정 상태를 표현하는 반려동물의 언어(바디 랭귀지)를 이해하고 있어야 한다. 반려동물의 공격성의 원인은 대부분이 두려움이다. 따라서 개와 고양이의 두려움을 표현하는 몸짓을 미리 알아두어야 한다.

② 반려동물이 부정적인 감정 상태인 경우에는 억지로 잡거나 얼굴이나 손을 반려동물 가까이 대지 않아야 하며, 큰소리를 내거나 반려동물을 흥분시키는 행동은 삼가야 한다.

③ 반려동물이 편안한 상태가 되도록 잠시 기다려주며, 반려동물이 조용한 독립공간에서 대기할 수 있도록 한다.

④ 물림방지 도구를 준비하고 사용법을 잘 익힌 후 사용하도록 한다.

(3) 반려동물에 의한 감염성 질환

[대처방법]

① 감염성 질환이 의심되는 반려동물의 미용을 하였다면 작업자의 건강상태를 계속 주의 깊게 살펴보아야 한다.

② 갑자기 작업자에게 발적이나 두드러기, 그 외의 건강 이상 징후가 보일 경우, 즉시 병원으로 가서 치료를 받는다.

③ 병원에서 작업자의 근무 환경에 대해서 설명을 하도록 한다.

[예방방법]

① 반려동물의 미용 예약과 접수 시에 반려동물의 건강상태를 보호자에게 확인해야 한다.

② 보이지 않는 질병의 경우가 더 많기 때문에 인수공통감염병에 대해 알아두어야 한다.

③ 작업장과 작업자의 위생 관리에 철저해야 한다.

④ 평소 작업자의 면역상태가 나빠지지 않도록 건강관리에 힘써야 한다.

Check point

■ 인수공통감염병(Zoonosis)

Zoonosis란 말 그대로 동물의 질병이다. 과거 인간의 질병이 주로 문제가 되었을 때 인간의 입장에서 정의된 것이며, 현재의 인수공통감염병을 논하기에는 적합하지 않다. 인수공통감염병이란 동물로부터 사람에게 또는 사람으로부터 동물에게 전파되는 감염병이다.

세균성 인수공통감염병		결핵, 브루셀라병, 탄저, 렙토스피라병, 세균성 이질, 대장균감염증, 페스트, 파상풍, 살모넬라병
바이러스성 인수공통감염병		후천성 면역결핍증, 광견병, 구제역, 뉴캐슬병, A형 인플루엔자, 일본뇌염
진균성 질병		칸디다증, 피부진균증
인수공통 기생충 감염증 (100종 이상)	원충성 감염증	이질아메바감염증, 톡소플라즈마병, 대장성섬모충증, 와포자충증, 바베시아증
	연충성 감염증	흡충류, 조충류, 선충류
	외부기생충성 감염증	벼룩, 모기, 피리, 이, 좀 진드기, 참 진드기

Check point

■ 반려견의 감염병과 기초접종 프로그램

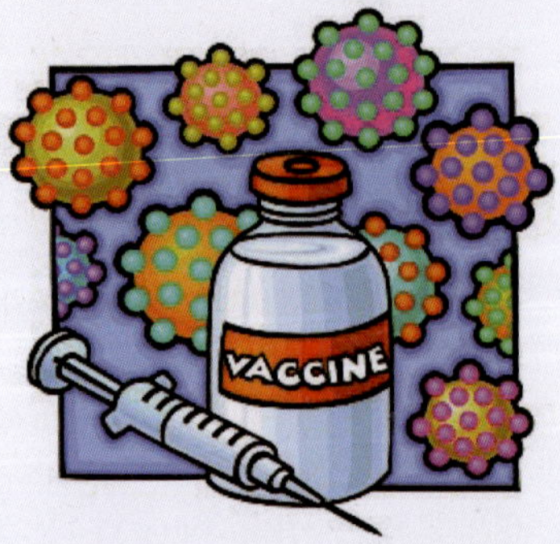

1차 접종	DHPPL	Corona
2주		
2차 접종	DHPPL	Corona
2주		
3차 접종	DHPPL	Kennel Cough
2주		
4차 접종	DHPPL	Kennel Cough
2주		
5차 접종	DHPPL	CIV
2주		
6차 접종	CIV	Rabis
2주 항체검사		

* 매년 보강 접종을 한다. 원칙적으로 매년 항체검사 후 항체가가 부족할 때 접종을 하며, 접종 횟수도 1회 이상이 될 수 있다.

■ 반려견의 임상증상과 예방

		임상증상과 역학	예방
DHPPL	Distemper (CDV; Canine Dustemper virus)	• 경미한 증상(열, 일시적인 식욕부진, 의기소침) • 심한 다발성 전신증상(눈, 비강삼출물, 의기소침, 식욕감퇴, 설사, 구토, 탈수 등) • 신경증상 • 태반감염	• 백신접종(기초접종, 보강접종, 항체검사로 접종 횟수 결정) • 모견의 항체형성 • 감염된 반려동물의 엄격한 격리 • 위생, 청결 • CDV는 열, 햇볕, 대부분의 계면 활성제, 비누에 불활화
DHPPL	Hepatitis (ICH; Infectious Canine Hepatitis)	• 경미한 증상에서부터 심각한 증상까지 다양(의기소침, 허약, 식욕부진, 구토, 설사, 발열, 황달 등)	• 백신접종(기초접종, 보강접종) • 모견의 항체형성 • 감염된 반려동물의 엄격한 격리 • 위생, 청결
	Parainfluenza (CPIV; Canine Parainffluenza virus)	• 감염성이 강한 호흡기 바이러스 • 경미한 증상에서부터 심각한 증상까지 다양(기침, 발열, 비강배출, 허약, 식욕부진 등) • 밀집사육에서 취약	• 백신접종(기초접종, 보강접종) • 모견의 항체형성 • 감염된 반려동물의 엄격한 격리 • 위생, 청결, 환기
	Parvovirus (CPV; Canine Parvovirus)	• 6주~6개월령의 강아지에서 증상 • 분변으로 배설되며 타액, 구토물에서 배설되기도 함 • 환경에 존재하는 오염된 매개물이 주된 원인 • 침울, 식욕부진, 구토, 무기력, 혈변, 탈수, 체중손실 등	• 백신접종 • 모견의 항체형성 • 감염된 반려동물의 엄격한 격리 • 갑작스럽게 아픈 반려동물의 격리 • 오염된 지역과 기구 소독 • 감염된 변을 철저히 처리 • 위생, 청결
	Leptospira	• 점막이나 피부상처를 통해 감염 • 신장이 감염될 수 있음 • 간에 침범될 수 있음 • 포도막염 • 다른 장기의 기능장애	• 백신접종 • Leptospira는 열과 일반적인 살균제에 쉽게 사멸
Corona (CCV; Canine Coronavirus)		• 밀집사육, 스트레스, 다른 질병이 있을 경우 감염 위험 증가 • 분변으로 바이러스 배출 • 신생견이 훨씬 심하게 감염 • 침울, 식욕부진, 구토, 무기력, 위장염, 설사와 구토	• 백신접종(기초접종, 보강접종) • 모견의 항체형성 • 감염된 반려동물의 엄격한 격리 • 위생, 청결 • 대부분 시판되고 있는 계면활성제와 살균제에 불활화

	임상증상과 역학	예방
Kennel Cough	• 감염성 호흡기질병(홍역에 기인한 것이 아닌 것) • 호흡기 상피세포의 손상이나 virus의 감염이 원인 • 손상된 조직에 세균이 침입하여 상피세포의 손상과 임상증상을 악화 • 단순 기침부터 폐렴까지 다양 • 공기에 의해 빠르게 전파	• 백신접종(기초접종, 보강접종) • 모견의 항체형성 • 감염된 반려동물의 엄격한 격리 • 위생, 청결, 환기
CIV (CIV; Canine Influenza Virus)	• 일반적으로 가벼운 증상(기침, 녹색 콧물) • 심한 증상 (고열, 폐렴) • 이차감염에 의해 폐렴이 발생한 반려견에서 치사율은 적절한 치료가 없다면 50%에 이름 • 밀집사육에 취약	• 백신접종(기초접종, 보강접종) • 감염된 반려동물의 엄격한 격리 • 위생, 청결, 환기
Rabies	• Rabies는 모든 온혈동물에 감염되어 급성 바이러스성뇌염을 유발 • 행동의 변화, 공격성, 점진적 마비 및 사망 • Rabies의 보균자인 야생동물(여우, 라쿤, 살쾡이, 코요테, 박쥐 및 기타 작은 육식성 포유동물)의 지역 이동이 주요 원인 • 시골지역의 도시화로 Rabies에 걸린 동물에 노출될 확률 증가 • 전구기(불안, 예민, 성격변화, 발광기(불안, 지각과민, 이식증, 공격성, 자해, 발작 등), 마비기(두부와 목 마비에서 전신마비로 진행, 혼수, 호흡마비 등) 의 증상	• 백신접종 • 백신의 보강접종 필수

출처: 소동물내과학 한국수의내과학교수협의회

(4) 미용 도구에 의한 상처

미용 숍의 기자재로 인해 작업자가 상처를 입을 수 있다. 상처는 크게 타박상, 찰과상, 열상으로 분류되며 대처방법이 조금 다를 수 있다.

[대처방법]

① 타박상

둔한 기구에 의하여 피부조직의 파열이 없이 생기는 상처로 흔하게는 멍이 생기는데 멍이 통증과 부종을 동반하는 것은 피부 모세혈관에 출혈이 일어났기 때문이다. 일반적인 멍은 피부를 손상시키지 않으며 시간이 지나면서 천천히 회복된다. 그러나 피하조직 이하에서 출혈이 생겨 혈괴가 생길 수도 있는데, 드물게는 감염, 치유 후 상처부의 함몰과 같은 후유증이 나타나기도 한다. 이러한 혈종과 멍은 육안으로 구분이 어렵기 때문에 정확한 진단을 받는 것이 좋다.

② 찰과상

쓸림, 마찰, 긁힘으로 생기는 상처이며 그 정도에 따라 피부가 손상될 수 있으며 표피가 벗겨질 수 있다. 대부분 시간이 지나면서 피부재생이 되며 적절한 조치를 통해 큰 문제로 이어지지는 않는다. 출혈이 발생했다고 해도 대부분 지혈이 가능하다. 그러나 심한 마찰로 인한 상처의 경우에는 흉터를 남기는 문제가 생기고, 회복 기간이 오래 걸릴 수 있으므로 적절한 병원치료가 이루어져야 한다. 일반적인 찰과상의 대처방법은 다음과 같다.

- 생리식염수나 클로르헥시딘 희석액을 상처부위에 흘려 상처부위를 깨끗이 씻어준다. 생리식염수나 클로르헥시딘이 없다면 정제수나 깨끗한 생수를 이용하도록 한다.
- 고인 물은 오히려 소독에 도움을 주지 못하기 때문에 피하는 것이 좋으며, 입으로 주변을 빨아내는 행위도 바람직하지 못하다.
- 원래 소독에 도움이 된다고 알려진 알코올도 너무 농도가 높은 용액을 피부에 닿게 하면 오히려 피부세포를 손상시킬 수 있으므로 상처 주변 부위만 희석해서 흘려주도록 한다.
- 포비돈이나 클로르헥시딘을 이용하여 상처 부위를 소독한다.
- 상처 부위가 건조되면 습윤 밴드를 상처가 나을 때까지 교체해주며 유지한다.
- 찰과상의 부위가 얼굴이거나, 깊이가 깊어 피하조직이 드러나 있을 경우에는 상처 부위 세척 후 병원으로 이동하여 적절한 검사와 치료를 받도록 한다.

③ 열상

외부의 힘에 의해 찢어져서 생긴 상처를 말하며, 피부에 손상된 공간이 생김으로써 피부의 신체 보호 기능을 잃게 된다. 심할 경우 피부 안의 중요한 부위들이 노출될 만큼 심각한 상황도 생길 수 있다. 열상은 지혈과 상처 부위 세척에 신경을 써야 한다. 먼저 열상이 발생되면 식염수나 클로르헥시딘 희석액을 흘려 상처 부위를 깨끗이 세척해야 하며, 상처 부위가 오염이 되었다면 더욱 신경 써서 세척을 해야 한다.

세척 후 또는 세척과 거의 동시에 지혈이 필요하다. 일반적으로 열상은 출혈을 동반하게 되는데 침착하게 지혈을 하면서 재빨리 병원으로 이동한다.

멸균된 거즈나 소독 솜, 천 등으로 상처 부위를 덮고 피가 흐르지 않게 적절히 압박을 가하고, 가능하면 상처부위를 심장보다 높게 유지해 주는 것이 좋다.

[예방방법]

기자재의 뾰족한 모서리나 날카로운 부분은 미리 감싸놓도록 하며 기자재의 사용 시 유의사항을 미리 숙지하고 안전하게 사용하도록 한다.

또한, 갑작스런 사고가 났을 경우 빠르게 방문할 수 있는 병원과 의료시설들의 위치와 연락처를 미리 알아두도록 한다.

(5) 화상

[대처방법]

화상 사고는 사고 직후 적절한 응급처치의 여부에 따라 치료의 예후가 크게 달라진다. 따라서 화상 사고의 적절한 대처방법을 숙지하고 있어야 한다.

① 화상 발생 원인에 따른 초기 대처방법

화상 발생 원인	초기 대처방법
뜨거운 물(액체)에 의한 화상	• 물을 쉽게 이용할 수 있다면 옷을 제거하기 전이라도 그 위로 빨리 찬물을 흐르게 한다. • 물을 이용할 수 없다면 열기가 있는 옷을 빨리 제거한다. • 옷을 벗기는 것보다는 가위로 제거한다. • 피부에 옷이 붙었다면 억지로 떼어내지 않고 나머지 부분만 가위로 잘라낸다.
입은 옷에 불이 붙은 사고	• 바닥에 뒹굴거나 큰 천을 이용하여 빠르게 불을 끈다. • 물을 이용할 수 없다면 열기가 있는 옷을 빨리 제거한다. • 옷을 벗기는 것보다는 가위로 제거한다. • 피부에 옷이 붙었다면 억지로 떼어내지 않고 나머지 부분만 가위로 잘라낸다.
화학물질의 접촉으로 인한 화상	• 물과 생리식염수를 이용하여 씻어낸다. • 고형물질의 경우 빨리 털어내고 씻는다. • 눈에 들어간 경우는 눈을 비비지 않는다. • 화학물질이 묻은 옷은 가위로 잘라낸다.
전기 감전으로 인한 화상	• 사고자를 만지기 전에 전기를 차단한다. • 바로 병원으로 이동한다.
흡입으로 인한 화상(고온열기)	• 의복을 느슨하게 하고 신선한 공기를 마신다. • 바로 병원으로 이동한다.

② 화상 사고 직후

• 얼음찜질은 하지 않는다.

혈관이 수축하면 화상 회복에 나쁜 영향을 미칠 수 있으며, 얼음을 상처 부위에 직접 댔을 때 2차 감염을 유발할 수 있다.

• 흐르는 물에 30분 정도 화상 부위를 노출시켜 열기를 빼준다.

10°C 이하의 냉수는 얼음과 마찬가지로 혈관을 수축시킬 수 있기 때문에 바람직하지 않다. 화상 부위가 넓어 저체온증의 우려가 있을 경우는 2~3분간만 표면 위주로 열기를 제거한다.

• 반지, 시계 등의 액세서리를 제거한다.

• 수포가 생겼다면 터트리지 않는다.

수포가 이미 터졌거나 어쩔 수 없는 상황이라면 삼출물은 빼더라도 포피를 떼어내지 않는다. 피부조직은 어떠한 드레싱 제제보다 상처를 잘 보호할 수 있다. (회복 중에도 포피는 본인이 떼지 않는다.)

③ 병원으로 이동

화상 거즈나 바셀린 거즈 등으로 환부를 보호한 후 병원으로 이동한다.

[예방방법]

뜨거운 물, 불, 화학물질, 전기 등은 항상 조심스럽게 사용해야 하며, 발열 기구는 사용하지 않을 때는 끄도록 하고 화학물질을 사용하게 될 경우는 항상 용기 뚜껑을 잘 덮어둔다.

Check point

■ 화상 정도

1도 화상	피부 표면에 화상을 입은 경우	통증과 피부 붉어짐
2도 화상	피부 내피까지 손상을 입은 상태	심한 통증과 수포와 진물
3도 화상	피부 속 근육층까지 손상을 입은 상태	회생 불가, 극심한 통증

4. 반려동물에게 발생할 수 있는 안전사고

(1) 낙상

낙상은 넘어지거나 높은 곳에서 떨어져 몸을 다치는 것을 말하며, 모든 연령대에서 발생할 수 있다. 작업대, 목욕조 등은 반려동물의 입장에서는 높은 곳이기 때문에 그곳에서 뛰어내리거나 떨어졌을 때는 부상으로 이어질 수 있다.

[대처방법]

① 반려동물의 낙상 시에 신체의 어느 부분이 바닥에 먼저 닿았는지 기억하도록 한다.

② 반려동물의 낙상 직후 급하게 반려동물을 안아 올리거나 끌어안지 않는다. 부상당한 부위가 있다면 작업자의 성급한 행동으로 부상을 더 심하게 만들 수 있다.

③ 반려동물의 낙상을 목격한 작업자는 당황하여 소리지르는 행위를 하여 반려동물을 더욱 놀라게 하지 않도록 한다.

④ 반려동물은 본능적으로 부상을 숨기려는 습성이 있고, 다쳤을 때 숨으려는 습성이 있으므로, 작업실의 문을 닫고 반려동물을 조용히 잠시 관찰하여 다리를 저는 모습은 없는지, 이상한 행동이 나타나지는 않는지 확인하면서 반려동물을 안정시킨다.

⑤ 반려동물이 다리를 저는 행동이 있다면 딛지 못하는 다리에 힘이 실리지 않도록 조심히 안아 올려 동물병원으로 이동한다.

⑥ 반려동물에게 상처 부위가 확인되고 출혈이 있다면 생리식염수나 클로르헥시딘 희석액으로 상처 부위를 세척하고, 만약 출혈이 멈추지 않는다면 상처 부위를 멸균 거즈로 덮어서 살짝 압박하면서 병원으로 이동한다.

⑦ 반려동물이 의식이 없다면, 최대한 기도를 확보할 수 있는 자세를 취하게 해주고 반려동물의 호흡과 심장박동을 확인한다.

⑧ 반려동물에게서 호흡이나 심장박동을 확인할 수 없다면 심폐소생술을 하면서 병원으로 신속히 이동한다.

⑨ 낙상 후에 반려동물에게 아무런 이상 증상을 발견하지 못했다 하여도 반드시 보호자에게 알려 시간이 지난 후에 발현될 수 있는 증상을 보호자가 확인할 수 있도록 한다.

[예방방법]

① 반려동물을 미용 작업대 위에 올렸을 경우에는 테이블 고정 암을 이용하여 반려동물이 갑자기 뛰어내리는 것을 예방하도록 한다.

② 반려동물에게 테이블 고정 암을 착용시켰다 해도 반려동물이 미용 작업대 위에 있을 때는 작업자는 반려동물에게서 시선을 떼지 않도록 한다.

③ 부득이하게 작업자가 작업대를 잠시 벗어나야 하는 경우에는 반려동물을 혼자 작업대 위에 남겨두지 않으며, 케이지나 안전문 안쪽 등의 안전한 장소에 이동시킨다.

Check point

■ 뇌진탕

어떠한 원인으로 뇌가 두개골 안에서 앞뒤로 빠르게 움직이면서 충격을 받아 뇌세포의 손상이 생겨 많은 신경 증상이 나타날 수 있다. 천문이 열린 작은 반려동물이 훨씬 더 뇌진탕을 일으킬 확률이 높다.

• 뇌진탕의 원인은 다음과 같다.

① 낙상
② 교통사고
③ 벽이나 단단한 곳에 부딪힌 경우
④ 머리 위를 차이거나 맞은 경우
⑤ 단단한 물체가 머리 위로 떨어진 경우

• 뇌진탕의 증상은 다음과 같으며 이러한 증상이 나타날 경우 바로 동물병원으로 가야 한다.

① 외상 이후 의식이 없을 때
② 양측 동공의 크기가 다를 때
③ 눈동자의 움직임이 비정상적일 때
④ 방향감각을 상실했을 때
⑤ 구토
⑥ 몸이 흔들림
⑦ 기력 저하
⑧ 경련 발작

(2) 미용 도구에 의한 상처

미용 도구에 의한 상처는 반려동물에게 미용 작업 중에 언제든 발생할 수 있기 때문에 작업자는 날카롭거나 뾰족한 도구를 사용할 때에는 항시 주의를 기울이고 조심스럽게 사용해야 한다.

[대처방법]

① 발톱을 자르는 중 출혈이 생겼을 때

- 출혈의 정도가 가벼울 경우는 선 소독 후 지혈을 하도록 한다. 클로르헥시딘을 소독 솜에 묻혀 압박하면서 소독하고, 지혈제를 이용하여 지혈한다.
- 출혈의 정도가 심할 경우는 클로르헥시딘을 묻힌 소독 솜으로 압박하면서 동물병원으로 이동한다. 출혈이 심할 경우는 지혈을 해 놓아도 다시 출혈이 반복될 수 있으며, 간혹 지혈 장애가 있는 반려동물의 경우도 있다.

② 심각한 찰과상이나 열상이 생겼을 때

상처 부위를 맨손으로 만지지 않으며, 멸균 거즈나 클로르헥시딘 소독 솜으로 덮고 압박하면서 신속하게 동물병원으로 이동한다. 열상의 경우 심각한 출혈을 동반할 수 있으므로 상처 부위를 심장보다 높게 유지하는 것이 좋으며 출혈 부위를 반드시 멸균된 거즈로 압박하면서 동물병원으로 이동한다. 흔히 알코올이 소독에 좋다고 생각하지만, 알코올은 피부 자극이 심하고, 반려동물에게 통증을 증가시킬 수 있다.

③ 미용 도구가 피부에 깊게 박힌 경우

- 출혈이 심해질 수 있으므로 박힌 미용 도구를 무리하게 빼내려고 하지 않는다.
- 박힌 상처 부위를 멸균 거즈로 감싸고 미용 도구가 빠지지 않도록 조심하면서 동물병원으로 신속하게 이동한다.

[예방방법]

① 가위, 클리퍼, 발톱깎이, 빗 등 날카롭고 뾰족한 미용 도구는 별도의 도구 박스나 전용 테이블에 정리해둔다.

② 사용하지 않는 미용 도구는 작업 중에는 미용 작업대 위에 올려 두지 않는다.

③ 동료가 있을 경우는 동료 작업자가 날카로운 도구를 사용하여 작업할 때에는 안전거리를 유지한다.

(3) 화상

화상의 중요한 3가지 형태는 열, 화학물질, 전기이다. 일반적으로 반려동물의 피부는 사람의 피부보다 약하고 연약하기 때문에 고온이 아닌 저온에서도 화상을 입을 수 있다. 화염에 의한 외상과 뜨거운 표면이나 끓는 물과의 접촉은 즉시 열에 의한 손상이 나타나고, 전기 발열 패드나 헤어드라이어 등의 저온에 의한 화상은 수일 동안 증상이 나타나지 않을 수 있다. 따라서 헤어드라이어, 드라이룸, 온수를 사용할 때는 온도를 수시로 체크하여야 하며, 미용 작업 중인 클리퍼의 온도 또한 수시로 체크해야 한다. 염모제와 탈색제 등을 사용할 때에도 주의를 기울여야 한다.

1) 화상의 원인에 따른 대처방법

① 열에 의한 화상의 대처방법

- 상해의 원인으로부터 신속하게 반려동물을 격리한다.
- 반려동물이 가장 호흡을 편하게 할 수 있는 자세를 취하게 해주고, 상처 부위를 확인한다.
- 얼음찜질은 하지 않는다.
  혈관이 수축하면 화상 회복에 나쁜 영향을 미칠 수 있으며, 얼음을 상처 부위에 직접 댔을 때 2차 감염을 유발할 수 있다.
- 흐르는 물이나 생리식염수에 30분 정도 화상 부위를 노출시켜 열기를 빼준다. 10°C 이하의 냉수는 얼음과 마찬가지로 혈관을 수축시킬 수 있기 때문에 바람직하지 않다. 화상 부위가 넓어 반려동물에게 저체온증 우려가 있을 경우는 2~3분간만 표면 위주로 열기를 제거한다.
- 상처 부위를 느슨하게 생리식염수로 적신 멸균 거즈로 덮어 동물병원으로 이동한다.

② 화학적 화상에 의한 대처방법

- 원인체로부터 신속하게 반려동물을 격리한다.
- 대량의 물이나 생리식염수로 오염 부위를 세척한다.
- 화학제품이 반려동물의 눈에 들어간 경우에는 멸균 생리식염수로 눈을 충분히 세척한다.
- 세척 후 반려동물을 동물병원으로 이동한다.
- 반려동물을 오염시킨 원인 화학제품을 수의사에게 전달하여 적당한 치료가 가능하게 한다.

2) 미용 작업실에서 일어날 수 있는 화상 사고의 예방방법

① 헤어드라이어에 의한 화상 예방

- 헤어드라이어를 반려동물에게 사용하기 전에 미리 작업자의 손등이나 손바닥으로 바람의 온도를 확인한다.
- 헤어드라이어와 반려동물의 사이가 30cm 이상이 되도록 적정거리를 유지한다.
- 드라이 작업이 끝난 후에도 헤어드라이어는 뜨거울 수 있으므로 반려동물이 가까이 다가갈 수 없도록 멀리 둔다.

② 온수에 의한 화상 예방

- 물의 온도를 맞추어 적정 온도가 될 때까지 물을 조금 흘려보내서 갑자기 차갑거나 뜨거운 물이 나오지 않는지 확인한다.
- 반려동물의 적정 목욕 온도는 사람의 손으로 만져서 상온으로 느껴지는 38~39°C이다.

③ 클리퍼에 의한 화상 예방

- 클리퍼를 장시간 사용하게 되면 클리퍼의 금속 부분인 클리퍼 날이 뜨거워지므로 클리퍼 날을 교체하면서 작업한다.
- 클리퍼의 금속 부분이 반려동물의 몸에 닿지 않게 주의해서 작업한다.

④ 화학제품에 의한 화상 예방

- 염색제와 탈색제는 피부가 연약한 반려동물에게 화학적 화상을 일으킬 가능성이 있으므로, 화학제품을 사용하기 전에 사용설명서를 확인하여 반려동물에게 화상을 일으킬 수 있는지의 여부를 꼼꼼히 체크한다.
- 화학제품은 정해진 용량과 방법을 준수한다.
- 사용이 끝난 화학제품은 용기의 뚜껑을 잘 덮어 반려동물에게서 멀리 보관한다.

(4) 도주

반려동물은 보호자와 떨어져 있는 상황에서 불안감을 느끼고 예민해지며, 미용 작업실을 벗어나려고 도주를 시도할 수 있다. 특히 이전 미용의 경험이 나쁜 반려동물의 경우 더 심할 수 있다. 작업자는 항상 이 점을 유의해야 하며, 보호자에게 다시 반려동물을 인계할 때까지는 반려동물의 안전은 작업자의 책임이 된다.

특히, 반려동물이 건물 밖으로까지 나가게 되었을 경우는 더 큰 사고의 위험에 노출되게 되므로 더욱 주의해야 한다.

[대처방법]

① 반려동물이 도주하였을 경우에는 침착하게 대처해야 한다. 당황하여 소리지르거나, 억지로 급하게 붙잡으려는 행동은 반려동물이 오히려 겁을 먹고 더 멀리 도망가려고 하거나 반려동물이 놀라서 작업자를 공격할 가능성이 크다.

② 건물 안에서 반려동물이 도주한 경우는 신속하게 모든 출입문을 닫고, 사람들의 출입문 출입을 통제한다.

③ 반려동물이 구석으로 몰렸을 경우는 반려동물 역시 겁을 먹고 당황하게 된다. 따라서 작업자를 공격할 수 있으므로 넓은 이불이나 보호 장갑을 이용하여 물리지 않도록 주의하며 잡는다.

④ 반려동물이 건물 밖으로 도주하였을 경우는 주변 사람들에게 큰소리로 도움을 요청하고, 교통사고가 발생하지 않도록 주변의 차들을 모두 멈추게 하거나 속도를 줄이도록 요청한다.

⑤ 반려동물이 잡히지 않으려고 공격성을 보이는 경우는 넓은 이불이나 옷으로 얼굴을 가린 후 잡도록 한다.

⑥ 반려동물이 공격성을 심하게 보여 잡을 수 없을 경우는 신속하게 119의 도움을 요청한다.

[예방방법]

① 모든 작업장을 반려동물에게 친숙한 환경이 되도록 조성하고, 작업 과정 역시 반려동물을 배려하며 불안감을 조성하지 않도록 해야 한다.
② 작업장의 출입구와 출입 통로에는 반드시 안전문을 설치해 둔다.
③ 건물 밖으로 나가는 미용 숍의 출입문에도 안전문을 설치하는 것이 좋다.
④ 출입문과 안전문의 문단속과 잠금 여부를 철저히 확인한다.
⑤ 대형견의 경우는 안전문을 쉽게 넘거나 무너뜨릴 수 있기 때문에 대형 케이지 안에 넣어두거나 목줄을 고정하도록 한다.
⑥ 대기 공간의 반려동물은 상태를 함께 지켜봐 줄 수 있는 사람이 항시 있는 것이 좋으며 그렇지 못할 경우는 반려동물의 상태를 수시로 점검할 수 있는 숫자 이상의 반려동물을 대기 장소에 대기시키지 않도록 관리한다.

(5) 이물질 섭취

반려동물은 후각과 청각이 발달하였기 때문에 낯선 환경을 후각을 이용해서 파악하려는 습성이 있고, 어린 반려동물의 경우 호기심이 많아서 이물을 입에 넣을 가능성이 크다. 이물의 크기, 식도폐색, 경과 시간 등에 따라 증상의 심각도가 다양하므로 반려동물이 이물을 섭취하지 않도록 주의를 기울여야 한다.

[대처방법]

① 반려동물이 어떤 이물을 섭취했는지 기억하고 신속히 동물병원으로 이동한다.
② 이물을 섭취한 반려동물이 호흡곤란을 보이거나 기침을 하면 기도 폐색일 가능성이 있으니 재빨리 동물병원으로 이동한다.
③ 이물을 섭취한 반려동물이 오심, 구토를 보이는 경우는 식도나 소화기관에 이물이 있을 가능성이 크니 동물병원으로 이동한다.
④ 이물이 식도를 지나고, 위내에 정체해 있거나 아무런 임상증상이 안 보인다고 해도 반드시 동물병원으로 이동하여 진찰을 받도록 한다. 위내에서 별 증상이 없을 수 있는 크기라도 장으로 내려간다면 장폐색을 일으켜 심각한 문제를 일으킬 수 있다.
⑤ 반려동물이 이물을 입에 물고 있는 것을 목격했다면 억지로 뺏으려고 하지 않는다. 억지로 뺏으려고 할 경우 반려동물은 뺏기지 않기 위해 삼켜버릴 수 있다. 따라서 다른 장난감이나 간식과 이물을 바꾸려는 시도를 하는 것이 좋다.

[예방방법]

① 평소에도 대기 장소와 작업 공간에는 반려동물이 삼킬 수 있는 크기의 물건은 치우고 자주 청소하며 확인한다.

② 미용 작업 후에 생기는 털 뭉치는 수시로 청소기로 치운다.

Check point

■ 반려동물의 기도 폐색 증상

1. 호흡을 힘들어하면서 호흡 소리가 거칠어진다.
2. 발로 목, 입 등을 긁거나 얼굴을 바닥에 비비는 등의 행동을 한다.
3. 기침을 매우 격하게 한다.
4. 고개를 든 상태에서 입을 벌리고 숨을 쉬거나 헐떡거린다.

위와 같은 증상이 건강한 반려동물에게서 갑자기 보일 경우는 이물로 인한 갑작스런 기도 폐색을 의심할 수 있으므로 신속하게 동물병원으로 이동해야 한다.

Check point

■ 하임리히법(heimlich maneuver) I

1. 반려동물이 목걸이나 엘리자베스 칼라를 착용하고 있다면 바로 제거해 준다.
2. 반려동물의 입을 열고 이물이 보이는지 확인한다.
   이물이 보인다면 바로 제거한다. 한 손으로 위턱을 잡고 다른 손으로 아래턱을 잡아 입을 열고 아래턱을 잡은 손의 집게손가락으로 이물을 찾고, 이물이 보이면 집게손가락을 이용하여 제거한다. 이때, 반려동물이 당황하거나 흥분하여 공격적으로 행동할 수 있으므로 조심해야 하며, 무리해서 시도하지 않는다.

3. 소형견의 경우는 반려동물의 뒷다리의 허벅지 부분을 잡고 거꾸로 든 후, 부드럽게 흔들어 준다.

4. 중대형견의 경우는 반려동물의 뒷다리를 잡고 위로 들어 올린다.

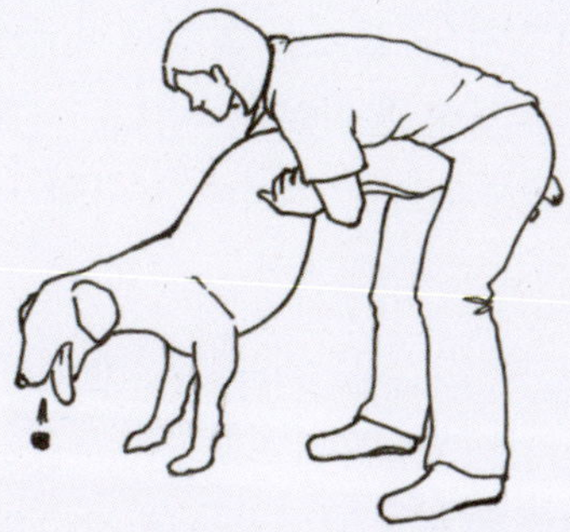

5. 4~6번까지 실행해도 변화가 없다면 하임리히법 Ⅱ를 시행한다.

Check point

■ 하임리히법(heimlich maneuver) II

1. 반려동물의 뒤에 서서 반려동물의 허리를 양팔로 감싸 안는다.
2. 엄지손가락이 반려동물의 배 쪽을 향하게 하여 주먹을 쥔다.
3. 반려동물의 갈비뼈 아래 복부를 주먹을 쥔 손으로 강하게 4~5회 압박한다. 이때 횟수는 5회를 넘지 않도록 한다.
4. 반려동물 등의 어깨뼈 사이를 손바닥으로 4~5회 가량 두드려 준다.
5. 반려동물이 이물질을 뱉어낼 때까지 반복한다.

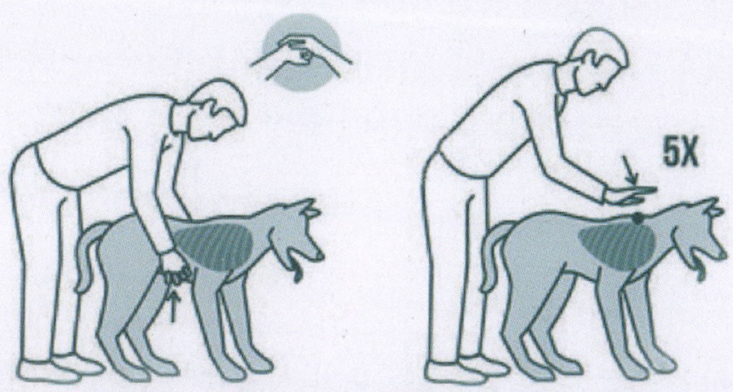

6. 반려동물이 숨을 쉬지 못할 경우에는 심폐소생술이나 인공호흡을 해야 한다.
7. 하임리히법은 부상의 위험이 있으므로 위급상황이라고 확신이 들 때만 사용한다.
8. 반려동물이 하임리히법을 이용해서 이물질을 뱉어낸 경우라 하여도 갈비뼈 골절이나, 타박상, 내부장기의 손상이 있을 수 있으므로 병원으로 이동해서 진료를 받는다.

(6) 교상

반려동물은 낯선 환경이나 보호자와 떨어진 환경에서 불안감을 느끼고 예민해지기 때문에 다른 반려동물과 함께 있는 것이 불편할 수 있다. 사회화의 정도에 따라 그 정도의 차이가 있을 수 있으나 다른 반려동물과의 거리를 유지해주며 반려동물끼리의 교상 사고에 주의를 기울여야 한다.

[대처방법]

① 작업자는 반려동물이 물리는 상황을 목격했다면 어느 부위를 물렸는지 기억한다.
② 혼자 해결하지 않고 동료에게 도움을 요청한다.
③ 매우 흥분한 반려동물은 작업자에게도 공격적으로 행동할 수 있으므로 주의해서 접근한다.
④ 공격을 한 반려동물을 큰 담요나 이불로 얼굴과 몸을 덮은 후 잡거나 보호장갑을 착용하고 잡는다.
⑤ 공격을 한 반려동물을 물림방지 도구를 착용시키거나 케이지 안에 신속히 넣는다.
⑥ 교상을 입은 반려동물의 상처를 확인한다.
⑦ 클로르헥시딘 희석액이나 생리식염수를 상처 부위에 흘려 세척한다.
⑧ 상처 부위를 멸균 거즈로 덮고 동물병원으로 이동한다.
⑨ 만약 상처 부위가 목이나 가슴이라면 호흡곤란이 일어날 수 있으므로 상처 부위를 멸균 거즈로 덮고 압박하면서 동물병원으로 이동한다.
⑩ 눈으로 확인되는 상처 부위가 아주 작더라도 피하 안쪽은 심하게 손상되었거나 내부 장기가 손상되었을 가능성이 크기 때문에 교상 사고가 발생하였을 경우는 무조건 동물병원으로 이동한다.

[예방방법]

① 반려동물을 인계받을 때 보호자에게 동물의 성격을 질문하여 미리 파악한다.
② 보호자와 상담 시 반려동물의 성격이 예민하고 공격성향이 있다면, 물림방지 도구를 미리 준비해 둔다.
③ 반려동물이 대기할 때에는 서로 독립된 공간에 있을 수 있게 하여야 한다.
④ 반려동물의 크기에 알맞은 여러 가지 사이즈의 케이지를 준비한다.
⑤ 부득이하게 동일한 공간의 대기 장소를 이용해야 하는 상황이면 체구가 비슷한 반려동물끼리 함께 있도록 하며, 반드시 반려동물을 지켜볼 수 있는 사람이 있어야 한다.

⑥ 하나의 케이지나 좁은 울타리 안에 여러 마리의 반려동물이 함께 있어서는 안 된다.
⑦ 대형견과 소형견은 같은 울타리 안에 있어서는 절대로 안 되며, 서로 보이지 않도록 시야도 가릴 수 있는 것이 좋다.
⑧ 미용 작업이 끝나기 5~10분 전에 보호자에게 끝나는 시간을 안내하는 전화를 하여 미용 작업 후 반려동물이 대기 장소에 오래 남아 있지 않게 관리한다.

(7) 감전

감전이란 신체에 전류가 흘러 상처를 입거나 충격을 느끼는 일이다. 신체에 가해지는 전류의 강도, 노출 시간, 전류가 체내를 통과하는 경로에 따라 그 영향이 다르게 나타난다. 피부와 피모가 건조하고 전원에 약하게 닿을 때는 전류가 거의 흐르지 않아 큰 위험이 없을 가능성이 크나, 반려동물이 젖은 상태일 경우는 목숨을 잃을 수도 있다.

감전은 보통 전기가 흐르는 제품의 전선을 물어 씹음으로써 발생하며, 대부분 어린 반려동물에서 발생한다. 전류는 조직을 통과하면서 열에너지로 바뀌어 온도 상해(화상)를 일으킨다.

[대처방법]

① 감전 사고가 발생하면 먼저 전기를 차단한다.
② 고무장갑 등의 절연성 보호장비를 착용한 후 플러그를 뽑고 반려동물을 옮긴다.
③ 빠르게 반려동물의 기도를 확보하고 스스로 숨을 쉬는지, 심장박동이 있는지를 체크한다.
④ 감전된 반려동물의 호흡과 심장박동이 없다면 심폐소생술을 하면서 빠르게 동물병원으로 이동한다.
⑤ 외관상 반려동물이 정상적으로 보이더라도 바로 증상이 보이지 않는 내부장기의 손상이 있을 수 있으므로 동물병원으로 이동하도록 한다.
⑥ 동물병원으로 이동할 때 될 수 있는 대로 빠르게 보호자에게 연락하여 사실을 알리도록 한다.

[예방방법]

① 반려동물의 대기 공간에는 전선이 노출되어 지나가지 않도록 한다.
② 전기 기기를 사용 후에는 꼭 콘센트를 뽑아 놓도록 한다.
③ 사용하지 않는 전기 기기의 전선을 항상 정리해 놓도록 한다.
④ 미용 작업 중에도 클리퍼 등의 전선을 반려동물 가까이에 늘어뜨리지 않도록 한다.

⑤ 감전 사고뿐만 아니라 저체온증, 피부병 등의 이유가 있으니 목욕이 끝난 반려동물은 빨리 털을 말려주도록 한다.

(8) 열사병

열사병은 열 발산에 대한 반려동물의 보상 기전을 초과하는 체온의 상승이며 의학적 응급상태이다. 조직의 직접적인 열 손상과 생명을 위협할 수 있는 여러 기관의 기능 장애를 일으킨다. 새 환경에 대한 순응도 부족, 높은 온습도, 환기 불량, 수분 상실, 비만, 허약체질, 노령견, 단두종 등에서 열 발산을 감소시키는 상황이 되어 일어날 수 있다.

[대처방법]

① 새 환경이나 고온 환경에서 반려동물을 즉시 이동시킨다.
② 찬물로 목욕시키고 선풍기로 수분의 증발을 촉진시킨다.
③ 겨드랑이와 서혜부(사타구니 안쪽)를 냉찜질하면서 병원으로 이동한다.

[예방방법]

① 반려동물은 사람에 비해 기초체온이 높기 때문에 열사병으로 이어지는 체온의 차이가 적다. 따라서 짧은 시간에도 열사병으로 갈 수 있다. 미용 작업이라는 것은 반려동물을 스트레스 상황에 놓이게 할 가능성이 커서 반려동물의 체온이 상승될 가능성이 있다. 미용 작업실의 환기는 항상 잘 유지시켜야 하고, 작업 공간이 너무 더워지는 상황을 피해야 한다.
② 환경의 요소가 적당하다고 하여도 반려동물의 특성이나 성격에 따라서도 체온이 상승할 요소들이 많기 때문에 미용을 작업 중이거나, 대기 중인 반려동물이 헐떡이거나 심한 빈(잦은)호흡이 있지 않은지 주의 깊게 살핀다.

(9) 저체온증

저체온증은 항온동물에서 정상 이하의 체온 상태를 말하며, 추위에 장시간 노출되어 항상성을 유지할 수 없을 때 발생한다. 반려견의 경우 표준 직장 체온이 34.4°C 이하로 체크 된다.

[대처방법]

① 반려동물을 따뜻하고 습윤하게 유지하면서 신속하게 동물병원으로 이동한다.

[예방방법]

① 목욕 후 반려견을 너무 오래 두지 않고 바로 드라이이한다.

② 겨울인 경우 미용을 마치고 대기하는 반려동물은 추울 수 있으므로 핫팩 등을 적당한 온도로 수건에 싸서 제공해 준다.

(10) 저혈당증

포도당은 중추신경계의 세포 기능을 유지하는 1차적인 에너지 기질이다. 저혈당증은 혈당(glucose)의 감소에 원인이 있으며, 혈당 감소의 원인은 여러 가지가 있으며 반려동물이 갖고 있는 기저질환에 원인이 있는 경우가 많다. 그러나 반려동물에 대한 잘못된 영양공급으로 저혈당증이 생기는 경우가 있다.

어린 반려동물의 경우 너무 적은 영양공급으로 인해 저혈당증이 생기는 경우가 있으며, 성견의 경우 간혹 미용 시 체중 체크에 대한 부담으로 미용 숍 방문 전에 반려동물에게 공복을 장시간 유지시키는 경우가 있다. 이러한 경우에는 작업자는 반려동물의 보호자에게 평소 반려동물에게 충분한 영양을 공급할 수 있도록 안내해야 한다. 저혈당증의 경우 운동성이 떨어지고 시각 반응이나 위협반응이 떨어진다. 쇠약, 불안, 허기, 떨림, 경련, 발작, 혼수상태의 증상을 보인다.

[대처방법]

① 너무 야위거나 운동성이 현저히 떨어지는 반려동물의 경우 미용 작업을 중단한다.

② 심각한 기력 저하를 보이는 경우 미지근한 설탕물을 섭취시킨 후 보호자에게 연락 후 병원으로 이동한다.

③ 경련 증상을 보이는 경우 구토를 동반할 수도 있고 경련 증상으로 인해 연하 작용이 어려울 수도 있으므로 반려동물에게 물을 제공하는 것도 어려울 수 있다. 또한, 호흡곤란이 함께 올 수 있으니 보호자에게 연락 후 바로 병원으로 이동한다.

④ 경련 증상은 저혈당증 이외에도 많은 원인으로 일어나며, 저혈당증 역시 그 원인이 다양하다. 섣불리 반려동물의 상태를 판단하지 않도록 하고, 동물병원에서 진찰을 받도록 한다.

[예방방법]

① 어린 강아지의 경우 미용 숍에서 너무 오래 대기하지 않도록 하며, 부득이한 경우 강아지 전용 사료를 준비해서 대기 중에 급여하도록 한다.

② 어린 강아지는 성장 속도가 빠르고, 그에 따라 영양 공급량도 계속 늘어나야 한다.

너무 적게 영양공급이 되어 야윈 것으로 추정이 되는 반려동물이 있다면 보호자에게 안내하여 사료 급여량을 늘릴 수 있도록 하고, 동물병원에 내원하여 정확한 안내를 받기를 권장한다.

5. 사고에 대비한 보호자의 안전 교육

(1) 대기 장소에 관련된 사고

① 고객에게 다른 반려동물을 함부로 만지지 않도록 교육한다. 불안하고 스트레스 상황에 놓인 반려동물은 공격성을 보여 교상 사고가 발생할 수 있다.

② 고객에게 대기하고 있는 다른 반려동물에게 음식을 주지 않도록 교육한다. 반려동물이 음식물에 대한 알러지가 있거나 처방식을 섭취하는 경우도 있기에 함부로 음식물을 주지 않도록 해야 한다.

③ 어리거나 노령의 반려동물은 질병에 취약하고, 다른 반려동물에게 공격을 당할 수 있으니 항시 반려동물을 이동장 안에 넣거나 안고 대기하도록 교육한다.

④ 반려동물의 대기 장소에서 뛰거나 소리 지르지 않도록 교육한다.

⑤ 항상 출입문을 닫고 출입하고, 안전문 역시 꼭 닫도록 교육한다.

⑥ 반려동물의 이물질 섭취 사고를 예방하기 위하여 반려동물 대기 장소에 이물질을 떨어뜨리지 않도록 교육한다.

(2) 미용 숍에 관련된 사고

① 고객에게 반려동물의 안전을 위하여 흡연을 하거나 음주 상태로 있지 않도록 설명한다.

② 미용 숍 안의 전선이나 전기 기구를 함부로 만지지 않도록 교육한다.

③ 고객에게 화재에 대비하여 소화기가 있는 위치를 미리 안내 드리며, 안내 받지 않아도 누구나 볼 수 있는 위치에 소화기를 비치한다.

(3) 작업장에 관련된 사고

① 작업자가 작업을 하는 중에 갑자기 놀라는 일이 생기면 사고가 발생할 수 있으므로 고객에게 작업자의 허락 없이 함부로 작업장에 들어가지 않도록 교육한다.

② 부득이하게 작업장에 들어가야 할 때는 노크를 하거나 벨을 눌러 미리 작업자에게 알려주도록 한다.

PART Ⅰ 안전 위생 관리

2. 안전 장비 점검하기

학습내용(단원명)	수업 목표
안전 장비 점검	• 미용 작업 대기, 작업 시의 안전사고 방지를 위해 안전 장비 점검 항목을 파악할 수 있다. • 반려동물 대기 장소의 안전 장비를 점검할 수 있다. • 반려동물의 미끄러짐과 낙상 방지를 위한 안전 장비를 점검할 수 있다. • 안전사고 예방을 위해 도주, 물림 방지 도구를 점검할 수 있다. • 일일 · 수시 · 정기적으로 점검 결과를 점검 결과표에 작성하고 문제점을 발견하면 조치할 수 있다.

1. 안전 장비와 점검 항목

1. 대기 장소의 안전 장비

(1) 안전문

① 안전문 선택

반려동물의 도주 사고를 예방하기 위한 필수 안전장비로써 안전문 선택에는 꼼꼼한 체크가 필요하다. 안전문의 재료가 튼튼하며 안전문 자체가 반려동물에게 상처를 입히지 않을 수 있는 재료이어야 하며, 청소나 소독이 용이한 재료를 선택하도록 한다. 대기하는 반려동물이 뛰어넘을 수 없고 살의 간격이 촘촘한 것을 이용한다.

반려동물의 물리적 힘으로 쉽게 무너지지 않아야 하며 안전 잠금장치가 튼튼하고 잠금 방식이 일반인들에게도 용이한 것이 좋다. 안전문은 이중으로 설치하는 것이 안전하며, 열림 방향이 반려동물이 도주할 수 있는 방향이 아닌지 확인해야 한다.

② 점검 항목

- 안전문 자체와 잠금장치가 튼튼한 상태인지 확인한다.
- 안전문이 닫힌 상태를 유지하고 있는지 수시로 확인한다.
- 안전문이 손상된 부분이 없는지, 반려동물이 다칠 수 있는 여지가 없는지 체크한다.
- 안전문의 위생 상태를 수시로 체크한다.

(2) 울타리

① 울타리 설치

반려동물이 대기하는 공간에는 개별 울타리를 설치해야 하며, 반려동물의 체고와 힘을 고려하여 충분한 높이와 튼튼한 재질을 선택해야 한다. 반려동물은 각자의 독립된 공간에서 대기할 수 있도록 해야 하며, 부득이한 상황에는 연령과 체구가 비슷한 반려동물끼리 함께 있을 수 있도록 한다. 반드시 주의해야 할 점은 성별이 다른 반려동물을 함께 두지 않도록 하며, 체구가 다른 반려동물도 절대 함께 두지 않도록 한다. 어린 반려동물, 노령 반려동물, 불안감을 보이는 반려동물, 기저질환이 있는 반려동물은 쉽게 공격당할 수 있으니 반드시 분리해서 대기할 수 있도록 조치한다.

② 점검 항목

- 대기하는 반려동물의 상태를 수시로 점검한다.
- 대기하는 반려동물 중에 불안감을 보이거나 공격성을 보이는 반려동물이 있는지 꼼꼼히 확인하고 발견 즉시 분리하여 대기시킨다.
- 울타리의 상태가 튼튼한지 수시로 점검한다.
- 울타리에 손상된 부분은 없는지, 반려동물이 다칠 수 있는 여지가 없는지 점검한다.
- 반려동물이 대기하고 있는 울타리는 울타리 안에 반려동물의 용변이나 소변이 없는지 수시로 체크한다.
- 하나의 울타리 안에 반려동물이 너무 많은 것은 아닌지 수시로 확인한다(원칙적으로는 독립된 울타리를 써야 함).
- 울타리 안의 공간은 물론 울타리 자체의 위생 상태와 소독 상태를 점검한다.
- 반려묘는 울타리 공간에 대기시키지 않도록 하며, 근접한 공간에 낯선 반려견이 대기하지 않도록 주의한다.

(3) 이동장

① 이동장 이용 시 주의사항

반려동물이 예민하고 불안감을 보인다면 반려동물이 직접 가져온 이동장을 이용하는 것이 좋다. 반려동물이 직접 가져온 이동장이 없다면 새것을 이용하도록 한다.

다른 반려동물이 이미 사용하여 냄새나 흔적이 남아 있는 것을 사용하는 것은 반려동물의 불안감이나 예민을 더 상승시키는 효과가 생길 수 있다. 반려견의 경우에는 울타리나 케이지 안에 이동장을 넣어두고, 이동장의 문을 열어 반려동물이 이동장을 출입할 수 있는 환경을 만들어주는 것이 좋다. 그러나 반려묘의 경우는 이러한 환경을 조성해주고 싶다면, 반드시 케이지 안에서 이동장의 문을 열어두는 환경을 조성하도록 한다.

② 점검 항목

- 대기하는 이동장 안의 반려동물의 상태를 수시로 체크한다.
- 반려동물이 극도로 예민해져 있는 상태라면 이동장을 천으로 가려 어둡게 유지하되, 시야를 가릴 수만 있을 정도의 얇은 천이 좋다.
- 이동장의 손상 부분이나 위생 상태를 수시로 점검한다.

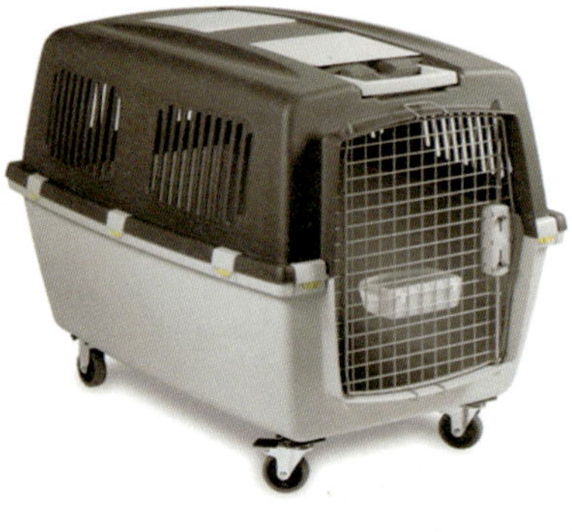

(4) 케이지

① 케이지 이동시 주의사항

반려동물이 공격적인 성향을 보이거나, 다른 반려동물이 근접해 있는 것을 불안해 하는 모습을 보인다면 케이지를 이용하는 것이 좋다. 또한, 대형 반려동물의 경우 울타리를 쉽게 무너뜨릴 가능성이 있으므로 대형 반려동물을 대기시키기 위한 케이지를 미리 조성하는 것이 좋다. 전염 가능성이 있는 피부질환이나 소화기 증상을 보이는 반려동물이 있다면 케이지를 이용하여 반드시 따로 격리 대기시키도록 한다. 심장이나 호흡기에 기저질환이 있는 반려동물 역시 케이지 안에 대기시키도록 한다. 케이지는 이렇게 많은 상황의 여러 반려동물이 대기하는 공간이므로 케이지의 위생 관리는 철저하게 해야 한다.

② 점검 항목

- 반려동물을 케이지에 대기시키기 전에 케이지의 위생 상태나 안전 상태를 다시 한 번 확인한다.
- 케이지의 크기가 반려동물의 크기에 적당한지 확인한다.
- 케이지 안에서 대기하는 반려동물의 상태를 수시로 확인한다.
- 케이지가 손상되거나 노후 되어 문제가 되는 부분이 없는지 수시로 점검한다.
- 케이지 안의 위생과 소독 상태를 꼼꼼히 점검한다.

2. 미끄러짐과 낙상 방지를 위한 미용 작업대 안전 장비

(1) 테이블 고정 암(arm)

① 테이블 고정 암(arm)

테이블 고정 암은 반려동물을 미용 작업하는 동안에 움직임을 제안하여 미용 중에 갑작스러운 사고를 예방하기 위한 안전장치이다. 따라서 테이블 고정 암은 반드시 미용 작업 중에만 활용하도록 하며, 반려동물을 혼자 대기시키기 위한 도구로 사용해서는 안 된다.

반려동물의 체중을 충분히 지탱할 수 있는 튼튼한 제품을 사용하도록 하며, 목만 고정하는 형태가 아닌 배쪽까지 같이 받쳐 줄 수 있는 형태가 좋다. 반려동물을 고정할 때는 너무 꽉 조이지 않도록 하며 목과 가슴의 하네스에 손가락이 두세 개 들어갈 정도의 여유를 주도록 한다.

하네스가 고정 장치에 너무 팽팽하게 연결되지 않도록 조절한다.

② 점검 항목

- 반려동물을 테이블 고정 암의 하네스를 착용시키기 전에 미용 테이블과 테이블 고정 암, 하네스의 위생 상태를 확인한다.
- 반려동물에게 테이블 고정 암의 하네스를 착용시킬 때는 너무 조이지 않는지 체크한다.
- 테이블 고정 암이 손상되거나 노후된 부분은 없는지 수시로 점검한다.
- 테이블 고정 암과 하네스의 위생 상태는 항상 청결해야 하며 철저히 점검한다.

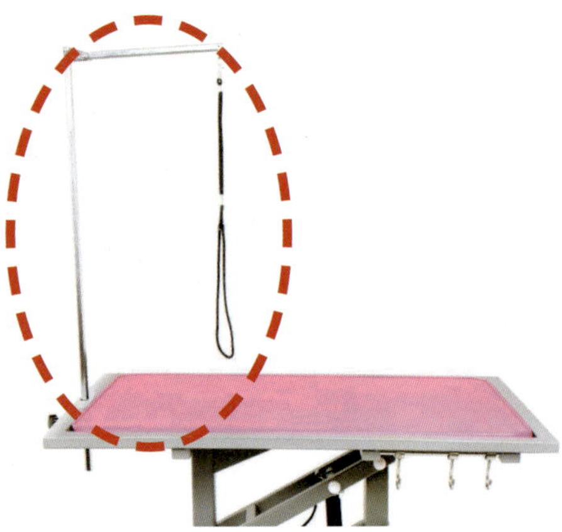

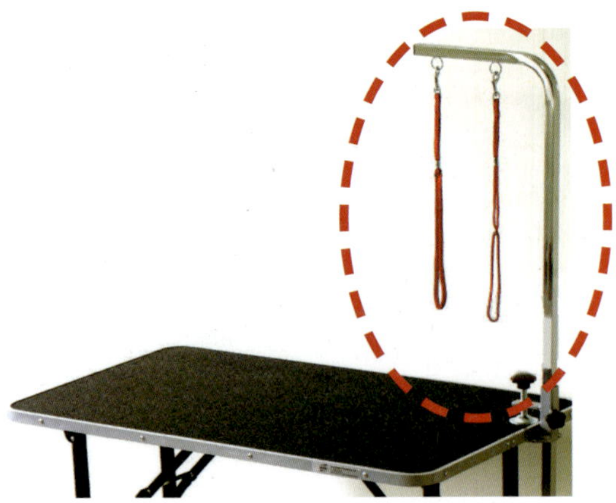

(2) 테이블 바닥

① 미용 테이블 바닥

미용 작업 중 반려동물이 미끄러지지 않도록 테이블 상판의 재질 선택에 신중해야 하며, 테이블 바닥재가 미끄러운 소재일 경우에는 미끄럼 방지 깔개를 테이블 위에 깔도록 한다. 미용 작업 테이블은 많은 반려동물을 작업하는 공간이 되므로 특별히 위생적으로 관리해야 한다.

② 점검 항목

- 테이블 바닥이 미끄럽지 않은지 점검한다.
- 테이블이 노후되거나 손상되어 반려동물의 안전을 위협할 수 있는지 꼼꼼히 점검한다.
- 매번 반려동물의 작업 전 미용 테이블에 이물질이나 오염물질이 묻어있지 않는지 점검한다.
- 매번 미용 후 미용 테이블을 깨끗하게 정돈하고, 위생적으로 관리한다.

3. 물림 방지를 위한 안전 장비

(1) 엘리자베스 칼라

① 엘리자베스 칼라

엘리자베스 칼라를 줄여 'E-collar'라고 불리고, 16~17세기 유행했던 주름 칼라에서 아이디어를 얻어 반려동물에게 적용하게 되면서 이러한 이름을 갖게 되었다. 일반적으로 수술한 곳의 상처를 핥지 못하게 하거나 귀나 발을 심하게 긁기나 핥을 때 그것을 제지하기 위한 용품이다. 넥칼라를 착용시킬 때는 넥칼라가 뒤로 밀리지 않은 상태에서는 입이 나오지 않는 정도의 크기를 선택하여 잠금 부위가 목 뒤로 가도록 착용시키고 손가락 두 개 정도가 들어갈 정도의 여유를 남기고 고정하도록 한다.

② 점검 항목

- 반려동물에게 적절한 크기의 넥칼라를 착용했다고 하여도 넥칼라의 조임이 많이 여유롭거나 목이 긴 체형의 반려동물은 넥칼라가 뒤로 많이 밀려 입이 쉽게 나올 수 있으므로 착용 후 체크해 본다.
- 넥칼라의 사용 후 반드시 깨끗하게 소독하여 위생적으로 관리한다.
- 넥칼라의 손상이 생기면 반려동물이 다칠 위험이 있으므로 날카롭게 손상된 부분이 없는지 철저히 점검한다.

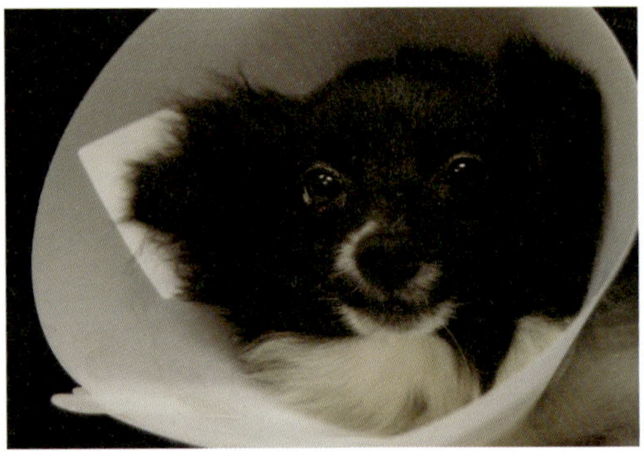
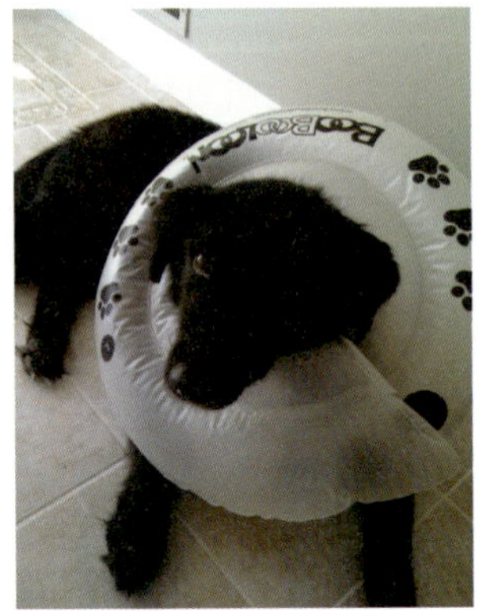

(2) 입마개

① 입마개

물림방지용 뿐만 아니라 반려동물이 미용 작업 시 날카로운 미용 도구를 물려고 시도하는 경우에 반려동물에게 큰 상처가 생길 위험이 있으므로 미용 도구를 많이 싫어하는 반려동물이나 예민한 부위를 미용해야 하는 경우 입마개를 착용시킨다. 입마개는 반려동물의 호흡에 문제가 없는 것을 선택해 준비하도록 하며, 안전사고 예방 그 이상의 도구로는 사용하지 않도록 한다.

입마개를 착용시킬 때는 반려동물의 저항이 생기지 않도록 반려동물의 옆이나 뒤에 작업자가 위치하여 착용시키도록 한다. 반려동물은 입을 벌려 호흡하면서 체온을 조절하므로 너무 장시간 입마개를 착용시키지 않도록 한다.

② 점검 항목

- 입마개의 잠금장치가 반려동물의 귀 뒤쪽이나 목 뒤쪽으로 향하게 잠겼는지 확인한다.
- 입마개를 착용한 동물의 상태를 수시로 확인한다.
- 입마개를 사용하기 전에 입마개의 위생 상태를 점검한다.
- 입마개를 사용한 후에 세척하고 소독하여 보관하도록 한다.
- 입마개가 손상된 부분은 없는지, 잠금장치가 안전한지 수시로 점검한다.

Check point

동물보호법 시행규칙 [별표 10] 〈개정 2021. 10. 8.〉
영업자와 그 종사자의 준수사항(제43조 관련)

1. 공통 준수사항

가. 영업장 내부에는 다음의 구분에 따른 사항을 게시 또는 부착해야 한다. 다만, 전자상거래 방식만으로 영업을 하는 경우에는 영업자의 인터넷 홈페이지 등에 해당 내용을 게시해야 한다.

1) 동물장묘업, 동물판매업, 동물수입업, 동물생산업, 동물전시업, 동물위탁관리업 및 동물미용업: 영업등록(허가)증 및 요금표

2) 동물운송업: 영업등록증, 자동차등록증, 운전자 성명 및 요금표

나. 동물을 안전하고 위생적으로 사육 · 관리해야 한다.

다. 동물은 종류별, 성별(어리거나 중성화된 동물은 제외한다) 및 크기별로 분리 하여 관리해야 하며, 질환이 있거나 상해를 입은 동물, 공격성이 있는 동물, 늙은 동물, 어린 동물(어미와 함께 있는 경우는 제외한다) 및 새끼를 배거나 젖을 먹이고 있는 동물은 분리하여 관리해야 한다.

라. 영업장에 새로 들어온 동물에 대해서는 체온의 적정 여부, 외부 기생충과 피 부병의 존재 여부 및 배설물의 상태 등 건강상태를 확인해야 한다.

마. 영업장이나 동물운송차량에 머무는 시간이 4시간 이상인 동물에 대해서는 항상 깨끗한 물과 사료를 공급하고, 물과 사료를 주는 용기를 청결하게 유지해야 한다.

바. 시정명령이나 시설개수명령 등을 받은 경우 그 명령에 따른 사후조치를 이행 한 후 그 결과를 지체 없이 보고해야 한다.

사. 영업장에서 발생하는 동물 소음을 최소화하기 위해서 노력해야 한다.

아. 동물판매업자, 동물수입업자, 동물생산업자, 동물전시업자 및 동물위탁관리 업자는 각각 판매, 수입, 생산, 전시 및 위탁관리하는 동물에 대해 별지 제29호서식 또는 별지 제29호의2서식의 개체관리카드를 작성하고 비치해야 하며, 우리 또는 개별사육시설에 개체별 정보(품종, 암수, 출생일, 예방접종 및 진료사항 등)를 표시하여야 한다. 다만, 기니피그와 햄스터의 경우 무리별로 개체관리카드를 작성할 수 있다.

자. 동물판매업자, 동물수입업자 및 동물생산업자는 입수하거나 판매한 동물에 대해서 그 내역을 기록한 거래내역서와 개체관리카드를 2년간 보관해야 한다.

차. 동물장묘업자, 동물위탁관리업자, 동물미용업자 및 동물운송업자는 영상정보처리기기로 촬영하거나 녹화 · 기록한 정보를 촬영 또는 녹화 · 기록한 날부터 30일간 보관해야 한다.

카. 동물생산업자 및 동물전시업자가 폐업하는 경우에는 폐업 시 처리계획서에 따라 동물을 기증하거나 분양하는 등 적절하게 처리하고, 그 결과를 시장 · 군수 · 구청장에게 보고해야 한다.

타. 동물전시업자, 동물위탁관리업자, 동물미용업자 및 동물운송업자는 각각 전시, 위탁관리, 미용 및 운송하는 동물이 등록대상동물인 경우에는 해당 동물의 소유자등에게 등록대상동물의 등록사항 및 등록방법을 알려주어야 한다.

2. 개별 준수사항

– 중략 –

사. 동물미용업자

1) 동물에게 건강 문제가 발생하지 않도록 시설 및 설비를 위생적이고 안전하게 관리해야 한다.
2) 소독한 미용기구와 소독하지 않은 미용기구를 구분하여 보관해야 한다.
3) 미용기구의 소독방법은 「공중위생관리법 시행규칙」 별표 3에 따른 이용기구 및 미용기구의 소독기준 및 방법에 따른다.
4) 미용을 위하여 마취용 약품을 사용하는 경우 「수의사법」 등 관련 법령의 기준에 따른다.

(출처: 동물보호법 시행규칙 일부개정 2021. 10. 8. [농림축산식품부령 제482호, 시행 2022. 6. 18.] 농림축산식품부 > 종합법률정보 법령)

4. 안전 장비 점검표 작성

〈안전 장비 점검표 작성 예시〉

(   ) 월 작업자 안전 장비 점검표

담당자	홍길동 (인)

점검항목 / 날짜	안전문 (출입문)	안전문 (작업장)	안전문 (기타)	울타리1	울타리2	이동장	케이지	미용 테이블 고정 암	엘리자베스 칼라	입마개
1일	○	○	○	○	○	○	○	○	○	○
2일	○	○	○	○	○	○	○	○	○	○
3일	○	○	○	○	○	○	○	○	○	○
4일	○	○	○	○	○	○	○	○	○	○
5일	○	○	○	○	○	○	○	○	○	○
6일	○	○	○	○	○	○	○	○	○	○
7일	○	○	○	○	○	○	○	○	○	○
8일	○	○	○	○	○	○	○	○	○	○
9일	○	○	○	○	○	○	○	○	○	○
10일										
11일										
12일										
13일										
14일										
15일										
16일										
17일										
18일										
19일										
20일										
21일										
22일										
23일										
24일										
25일										
26일										
27일										
28일										
29일										
30일										
31일										

특 이 사 항		
날짜	지적사항	조치사항
8월 9일	울타리 1–파손	당일–교체 완료

점검이 필요한 안전 장비 나열

날짜별로 점검

지적사항 및 조치사항 별도 작성

출처: NCS 애완동물미용 학습모듈, 안전 · 위생관리

PART Ⅰ 안전 위생 관리

3. 미용 숍 위생 관리하기

학습내용(단원명)	수업 목표
미용 숍 위생 관리 점검	• 반려동물에 위해를 미치지 않는 소독제의 종류를 파악할 수 있다. • 미용 작업 전후에 작업장의 미용 시설을 청소하고 소독방법에 따라 소독할 수 있다. • 미용 작업 전후에 소독방법에 따라 미용 도구를 소독할 수 있다.
미용 숍의 위생 관리	• 수시로 작업장의 실내 공기를 환기시킬 수 있다. • 미용 숍의 위생 관리를 위해 작업장 청결 상태, 미용 도구의 위생 관리 점검 항목을 파악할 수 있다. • 반려동물의 대기 장소를 수시로 점검하여 청결하게 유지, 관리할 수 있다. • 작업장의 청결 상태와 미용 도구의 소독 상태 점검 결과를 위생 관리 점검표로 작성할 수 있다.

1. 미용 숍 위생 관리와 점검

1. 작업장과 대기 장소의 위생 관리

(1) 작업장 바닥의 위생 관리

미용 작업장은 미용 작업 시 발생하는 반려동물의 털과 대기하는 반려동물의 배설물로 인해서 더러워지기 쉬운 공간이다. 작업 공간의 위생 상태는 어느 곳보다 중요하며 털은 수시로 정리하며 작업을 하도록 하며, 배설물은 발견 즉시 치우도록 한다.

① 청소를 위한 위생 관리 용품과 소독제를 준비한다.
② 환기를 시키면서 높은 곳에서부터 먼지를 털어 준다.
③ 큰 쓰레기를 먼저 치우도록 한다.
④ 바닥에 물기가 있다면 물기를 먼저 닦는다.
⑤ 빗자루나 진공청소기를 이용하여 청소한다.
⑥ 먼지를 치운 후에 진공청소기의 전기 코드를 분리하여 정리하고 청소기 안의 거름망을 비운다.
⑦ 걸레를 이용하여 세제와 물로 바닥을 청소한다.
⑧ 물기가 마르면 적절한 소독제를 뿌려 소독한다.
⑨ 위생 관리 용품을 깨끗하게 관리 후 제자리에 정돈한다.

(2) 작업 테이블의 위생 관리

작업 테이블은 반려동물이 장시간 미용을 위해 있게 되므로 항상 청결을 유지해야 하며, 이물질이나 오염물질이 있지 않도록 깨끗이 관리해야 한다. 가위나 클리퍼 등의 날카로운 미용 도구들은 테이블 위에 놓이지 않도록 하며, 작업 중 발생하는 털도 수시로 정리한다.

(3) 목욕조의 위생 관리

대부분의 미용 작업에는 반려동물의 목욕이 포함되어 있다. 따라서 반려동물 미용 숍에는 목욕조의 설치가 필수 요소이다. 물의 사용이 있다는 것은 물로 인해 미끄러워질 수 있다는 것이므로 항시 목욕조 주위에 물이 새거나 튀어서 미끄러움을 유발하지는 않는지 체크해야 한다. 목욕조 주위에 물이 있다면 발견 즉시 닦아내도록 하며, 목욕조 안은 항시 청결을 유지해야 한다. 목욕조 안에 목욕용품이 아닌 도구들이 있지는 않은지 확인하고 목욕 후에는 욕조 안을 세제로 물청소하고 소독제를 뿌려 관리 후 미끄럽지 않도록 마른 걸레로 욕조 주변과 바닥을 닦도록 한다.

(4) 드라이룸의 위생 관리

드라이룸은 목욕 후 반려동물의 털을 빠르게 말리고, 적외선 관리까지 할 수 있는 기자재로서 반려동물이 털을 말리는 동안 들어가서 대기하게 되는 공간이 된다. 따라서 드라이룸 안의 위생 상태와 안전 관리는 매우 중요하다. 드라이룸에서 반려동물이 대기하는 동안 배설물이 생기지는 않는지 수시로 확인하며 정리해야 하고, 드라이룸 사용 후 구석구석 깨끗이 닦고, 환기시켜서 다음 이용하는 반려동물이 안전하게 사용하도록 한다.

(5) 케이지의 위생 관리

반려동물이 미용 작업 전과 미용 작업 후에 대기하는 공간으로 반려동물의 배설물로 오염되어 있을 가능성이 매우 크다. 따라서 반려동물과 함께 배변 패드를 준비하여주고 배설물 발견 즉시 배변 패드를 교체해 준다. 반려동물이 케이지를 이용한 후에는 반드시 세제를 이용한 물청소를 하고 소독제를 뿌려 소독한다. 케이지의 위생 관리 시에는 바닥, 문, 옆과 천정까지 모두 깨끗이 관리하고, 케이지 내부에 별도의 환기 시스템이 있다면 환풍구의 위생 관리도 함께 하도록 한다.

(6) 울타리와 안전문의 위생 관리

반려동물이 출입하는 안전문과 대기 공간의 울타리는 많은 반려동물이 지나다니고 대기하게 되므로 배설물로 오염이 될 가능성이 크다. 배설물을 발견하게 되면 즉시 치우도록 하고, 반려동물이 울타리 안에서 대기하고 있을 때는 수시로 오염된 부분이 없는지 체크 한다. 대기하거나 출입할 반려동물이 없는 시간에는 전체 청소와 소독을 꼼꼼히 하도록 한다.

(7) 카운터와 고객 대기 공간의 위생 관리

카운터와 고객 대기 공간의 테이블과 의자 위를 위생 관리 하도록 하며, 고객이 떨어뜨리거나 흘린 이물이 없는지 확인하여 반려동물이 이물섭취를 하는 사고를 예방한다. 테이블과 의자 위는 먼지를 제거하고 물걸레로 깨끗이 닦고, 소독제를 뿌려 소독하도록 한다. 바닥청소는 하루에 1회 이상을 실시해야 하며, 반려동물의 배설물이 발견되면 바로 치우도록 한다.

(8) 미용 숍의 환기

미용 숍은 항시 출입문을 주의해서 열어야 하는 곳이다. 따라서 반려동물이 없는 시간에 환기를 시키도록 하며, 부득이하게 반려동물이 있다면 반려동물을 케이지에 안전하게 대기시킨 후 환기시키도록 한다. 작업 중이나 대기하고 있는 반려동물이 있는 시간에는 환풍기를 이용하여 수시로 환기시키도록 한다. 공기 청정기를 이용하여 공기를 정화시키는 방법도 좋다.

2. 미용 숍의 위생 상태 점검표 작성

미용 숍의 위생 관리 점검 목록표를 작성하여 매일 위생 상태를 점검하여 표시하도록 한다.

〈미용 숍 위생 상태 점검표 예시〉

(　　　) 월 작업장과 대기 장소의 청결 상태 점검표

작업자	홍길동 (인)

○ : 잘함　　△ : 보통　　X : 안됨

	바닥의 청결상태	작업테이블의 청결상태	목욕조의 청결상태	케이지의 청결상태	울타리의 청결상태	안전문의 청결상태
1일	○	○	○	○	○	○
2일	○	○	○	○	○	○
3일	○	○	○	○	○	○
4일	○	○	○	○	○	○
5일	○	○	○	○	○	○
6일	○	○	○	○	○	○
7일	○	○	○	○	○	○
8일	○	○	○	○	○	○
9일	○	○	○	○	○	○
10일						
11일						
12일						
13일						
14일						
15일						
16일						
17일						
18일						
19일						
20일						
21일						
22일						
23일						
24일						
25일						
26일						
27일						
28일						
29일						
30일						
31일						

청결 상태 점검 필요한 장소 나열

날짜별로 점검

특 이 사 항		
날짜	지적사항	조치사항

지적사항 및 조치사항 별도 작성

출처: NCS 애완동물미용 학습모듈 안전 · 위생관리

2. 미용 도구의 소독과 소독방법

1. 미용 도구 소독

미용 도구 소독 시에는 항시 손을 깨끗이 씻고, 장갑을 끼고 작업을 하도록 하며, 각 도구에 알맞은 소독제를 준비한다.

(1) 일반적인 미용 도구 세척 및 소독

① 소독의 기본은 유기물 제거이다. 따라서 부드러운 세척 솔을 이용하여 세제와 물로 미용 도구를 세척한다.
② 세제의 잔여물이 남지 않도록 흐르는 물에 충분히 헹군다.
③ 알맞은 소독제를 이용하여 소독하고, 자외선 살균기를 이용하여 소독한다.
④ 완전히 건조되면 제자리에 정돈한다.

(2) 빗과 브러시의 세척 및 소독

① 작업 시 사용한 빗에는 털이 엉켜있거나 붙어있을 수 있으니 그것을 먼저 제거한다.
② 소독제와 중성세제를 미지근한 물에 풀어 빗을 담그고, 부드러운 솔을 이용하여 닦는다.
③ 흐르는 물에 충분히 헹군 후 물기를 없앤다.
④ 적합한 소독제를 뿌리거나 자외선을 이용한 소독을 한다.
⑤ 완전히 건조되면 제자리에 정돈한다.

(3) 가위와 발톱깎이의 세척 및 소독

① 가위나 발톱깎이에 묻은 유기물을 먼저 떨어뜨리거나 닦아낸다.
② 살균제와 중성세제를 미지근한 물에 풀어 가위와 발톱깎이를 담가 부드러운 세척 솔을 이용해 닦는다.
③ 흐르는 물에 충분히 헹군 후 물기를 닦는다.
④ 적합한 소독제를 뿌려 소독하거나 자외선을 이용한 소독을 한다.
⑤ 완전히 건조되면 가위집이나 보관함을 이용하여 안전하게 보관 정돈한다.

(4) 클리퍼 몸체의 세척 및 소독

① 클리퍼 날을 분리하고 클리퍼 몸체에 끼어있는 털을 제거한다.

② 클리퍼 몸체의 바깥 부분에 유기물을 깨끗이 닦아내고 적합한 소독제로 소독한다.
③ 완전히 건조되면 제자리에 정돈한다.

(5) 클리퍼 날의 세척 및 소독

① 클리퍼의 날을 분리하여 클리퍼에 낀 털을 제거하고, 유기물이 묻었다면 닦아낸다.
② 클리퍼 날을 위한 전용 세척제를 이용하여 세척한다.
③ 적당한 소독제를 뿌려준 후 부드러운 천으로 닦아내거나 자외선을 이용하여 소독한다.
④ 완전히 건조되면 클리퍼 오일을 클리퍼 날에 도포한 후 제자리에 정돈한다.

(6) 겸자의 세척 및 소독

① 겸자에 묻어있는 유기물을 닦아낸다.
② 살균제와 중성세제를 미지근한 물에 풀어 겸자를 담가 부드러운 세척 솔을 이용해 닦는다. 유구 겸자의 경우 틈새를 잘 닦아낸다.
③ 흐르는 물에 충분히 헹군 후 물기를 닦는다.
④ 적합한 소독제를 뿌려 소독하거나 자외선을 이용한 소독을 한다.
⑤ 완전히 건조되면 제자리에 정돈한다.

2. 소독의 방법

(1) 소독의 정의

소독(disinfection)이란 병원성 미생물을 사멸시키지 않고 발육과 증식을 억제하여 감염을 방지하는 처리이다. 세척과 멸균과는 구분되며, 화학물질을 사용하거나 끓이거나 고온의 수증기를 통한 방법 등 다양하게 이루어진다.

Check point

■ 용어 비교

세척	유기물 및 고형 잔해물(먼지, 대변, 체액 등)을 제거하는 물리적 처리를 말하며 감염성 미생물을 제거하지는 못한다.
멸균	병원성 미생물이나 비병원성 미생물 모두를 완전하게 사멸, 제거하는 것을 말한다.

(2) 소독방법

1) 화학적 소독(Chemical disinfection)

화학적 소독이란 병원성 미생물을 죽이거나 비활성화하는 것에 화학물질을 사용하여 처리하는 것이다.

① 계면 활성제

계면 활성제는 두 액체 사이, 기체와 액체 사이, 또는 고체와 액체 사이의 표면장력을 낮추는 화합물이다. 하나의 분자 내에 친수성기와 소수성기가 동시에 작용하는 양친성 물질로, 물과 기름의 경계면에 흡착하여 두 물질을 분리하는 데 사용한다. 비누와 합성 세제가 우리가 가장 널리 사용하는 계면 활성제이다.

Check point

■ 계면 활성제 사용시 주의사항

비누나 샴푸, 세제 등은 음이온 계면 활성제이고, 4급 암모늄(역성 비누)과 같은 것은 살균, 소독용으로 사용되는 양이온 계면 활성제이다. 양이온 계면 활성제는 대부분의 세균, 진균, 바이러스를 불활화 시키지만, 녹농균, 결핵균, 아포에는 효과가 없다. 일반적으로 손, 피부 점막, 식기, 금속 기구와 식품 등을 소독할 때 사용한다. 제품의 설명서에 명시된 희석 배율로 희석한 후, 분무하거나 일정 시간 소독제 안에 담가 소독한다.

출처: NCS 애완동물 미용 학습모듈, 안전 · 위생관리

② 과산화물(Peroxide)

물체 표면이나 실내 공기 소독, 피부 상처 소독, 내식성 의료기기 소독에 적합하다.

- **물체 표면** : 0.1%~0.2% 과산화아세트산 또는 3% 과산화수소를 분사하거나 30분 동안 담근 후 맑은 물로 남아 있는 소독제를 깨끗이 씻어낸다.
- **실내 공기 소독** : 0.2% 과산화아세트산 또는 3% 과산화수소, 에어로졸 분무 1시간 소독한 후 환기시킨다.
- **피부 상처 소독** : 3% 과산화수소 소독액으로 피부표면을 직접 씻어낸다(3~5분).

- **의료기기 소독** : 내부식성 의료기기는 6% 과산화수소에 2시간 동안 담그거나 0.5% 과산화아세트산에 10분 동안 세척하여 소독하고, 소독이 끝난 후 남아 있는 소독제를 씻어내야 한다.

③ 알코올(Alcohol)

주로 손과 피부 소독에 사용하고 작은 물체의 표면 소독에 사용이 가능하다.

- 손에 고르게 분사하거나 손 부분을 1~2번 문지른다(1분).
- **외과적 손 소독** : 2번 문지른다(3분).
- **피부 소독** : 피부 표면에 바르고 2번 문지른다(3분).
- **작은 물체 표면 소독** : 물체 표면을 2번 닦는다(3분).
- 에틸알코올을 사용해 손을 소독할 때는 소독 후 핸드크림을 바른다.
- 인화성이 있으므로 화기로부터 멀리한다.
- 지용성 물체 표면 소독에는 적합하지 않으며, 공기 소독에 사용하지 않는다.

④ 염소(Chlorine)

물체 표면, 옷감 등의 오염 물품 및 물, 과일, 야채와 식기 등의 소독에 적합하다.

- **물체 표면 소독** : 사용 농도 500mg/L
- **전염병 발생지 소독** : 물체 표면 사용 농도 1000mg/L, 오염물이 눈에 보이는 경우 사용 농도 10000mg/L
- **실내 공기와 물 등 기타 소독** : 제품 설명서에 따른다.
- 고농도 소독 액을 제조해 분리 포장할 때는 반드시 마스크와 장갑을 착용한다. 사용 시 장갑을 착용해 피부에 닿지 않도록 한다. 부주의로 눈에 들어갔을 경우 즉시 물로 씻어내고, 심하면 병원에 간다.
- 금속에 부식작용이 있고, 옷감에 표백, 탈색 작용이 있다. 금속과 유색 직물은 신중히 사용한다.

Check point

■ 염소제 사용시 주의사항

차아염소산나트륨은 락스의 구성 성분으로 기구 소독, 바닥 청소, 세탁, 식기 세척 등 다양한 용도로 쓰인다. 개에서 전염성이 높은 파보, 디스템퍼, 인플루엔자, 코로나바이러스 등과 살모넬라균 등을 불활성화 시킬 수 있고, 넓은 범위의 살균력을 가지며 소독력 또한 좋다. 제품에 명시된 농도로 희석하여 용도에 맞게 사용한다. 사용 시에 독성을 띠는 염소가스가 발생(특유한 냄새의 원인)하기 때문에 환기에 특히 신경을 써야 한다. 점막, 눈, 피부에 자극성을 나타내며 금속에 부식을 일으킬 수 있기 때문에 기구 소독에 사용할 때에는 유의해야 한다. 보관할 때에는 빛과 열에 분해되지 않도록 보관에 주의해야 한다.

출처: NCS 애완동물 미용 학습모듈, 안전 · 위생관리

⑤ 페놀류(phenol) 석탄산

물체 표면과 옷감 등의 소독에 적합하다.

- **물체 표면과 옷감** : 유효성분 1000~2000mg/L
- **닦기 소독** : 15~30분
- 페놀과 크레졸은 인체에 유독성이 있으므로 소독 처리 시 개인 방호를 잘 해야 한다. 고농도 용액이 피부에 닿았을 경우 에틸알코올이나 대량의 깨끗한 물로 깨끗이 씻어 낸다.
- 소독이 끝난 후 처리한 물체 표면과 옷감 등은 깨끗한 물로 닦거나 씻어내 남아 있는 소독제를 제거해야 한다.
- 세균포자에 오염된 물품의 소독이나 의료기기의 소독에 사용해선 안 된다. 페놀과 크레졸 위주의 살균 성분이 든 소독제는 피부, 점막 소독에 적합하지 않다.
- 고양이에서 독성을 나타내므로 반려묘가 있는 환경에서는 적합하지 않다.

Check point

■ 페놀류 석탄산 사용시 주의사항

크레졸(Cresol)은 페놀의 한 종류인 방향족 유기화합물이며 소독제와 방부제로 널리 사용된다. 크레졸의 독성은 페놀류와 같은 정도이지만, 소독 효과는 3~4배 더 좋다. 녹농균, 결핵균을 포함한 대부분의 세균을 불활성화 시키지만, 아포나 바이러스에는 효과가 없다. 물에 잘 녹지 않으므로, 비누로 유화해서 보통 비눗물과 50%로 혼합한 크레졸 비누액으로 많이 사용한다. 기구나 배설물 소독에는 보통 3~5%의 농도로 사용한다. 하지만 냄새가 강한 편이고 금속을 부식시키며 원액은 피부에 손상을 일으키므로 주의해서 사용해야 한다.

출처: NCS 애완동물 미용 학습모듈, 안전 · 위생관리

2) 자비 소독(boiling disinfection)

소독법의 하나로, 100°C에서 10~30분간 끓이는 방법으로 주사기, 주삿바늘, 금속, 유리제품의 소독 등에 사용된다. 열저항성 아포, B형 간염 바이러스, 원충을 제외한 미생물을 제거한다. 100°C 이상으로는 올라가지 않으므로 균 전부를 사멸시키는 것은 불가능하다.

병원성이지만 내열성인 균은 적기 때문에 10~20분 끓임으로써 대부분의 병원균을 죽일 수 있다. 아포를 형성하지 않는 영양형의 균은 70°C에서 1분간 끓이면 활성을 잃는다. 바이러스도 단시간 끓임으로써 불활성화 시킨다. 그러나 아포는 가열에 강하고, 불활성화 시키기 위해서는 장시간 끓여야 한다.

금속, 고무, 유리, 섬유제품 등의 소독에 자주 이용된다. 물에 탄산나트륨을 가하여 끓이면 살균력이 높아지며, 동시에 금속이 녹스는 것을 방지한다.

3) 일광 소독(disinfection by sunlight)

직사광선을 쬐는 것에 의하여 소독하는 것으로 가장 간단한 소독법의 하나이긴 하나, 소독물이 일정 이상의 두께를 가지고 있는 경우, 심부에 미치지 않는 것이 결점이다. 또한, 계절이나 기후와 환경의 영향으로 일정한 효과를 장담할 수 없다. 소독 효과는 일광 속에 포함되는 자외선(파장 260~280mμ)에 의하는 것으로 이에 의하여 미생물은 변성, 사멸된다. 결핵균의 소독 등에 이용된다. 작업장의 의류 및 수건의 소독에 적합하며 날씨가 좋은 날 오전 10시에서 오후 2시 사이로 직사광선을 노출시키기 좋은 장소에 두어 소독한다.

4) 자외선 소독(UltraViolet disinfection)

자외선을 이용하여 소독하는 것을 말한다. 자외선이 박테리아, 바이러스 등의 세포내에 있는 유전물질의 변이를 일으켜 성장 및 번식을 억제해 살균, 소독한다. 약품, 가열 등에 의한 살균, 소독과 비교 시 오염이 적고 환경 호르몬이 발생하지 않으며 균에 내성이 생기지 않는다. UV의 살균 효과는 미생물이 UV에 노출되는 시간, UV 방사선의 강도 및 파장, UV로부터 미생물을 보호할 수 있는 입자의 존재 및 노출 동안 UV를 견딜 수 있는 미생물의 능력에 따라 달라진다.

5) 고압 증기 멸균(Autoclaving)

오토클레이빙은 고압 증기를 사용하는 멸균 방법이다. 오토클레이브 공정은 압력 하에서 물(또는 증기)의 끓는 점이 증가한다는 개념으로 처리하는 소독 방식이다. Autoclave의 경우 121°C에서 15~20분간 노출시키며 주사기, 수술기구 등은 열에 잘 견디나 거즈, 옷, 고무, 플라스틱은 손상될 수 있고, 금속의 날이 무뎌질 수 있다. 면으로 된 천이나 알미늄 포일로 싼 후 소독하며, 끝난 후에 건조기에 넣어 건조시키는 것이 좋다.

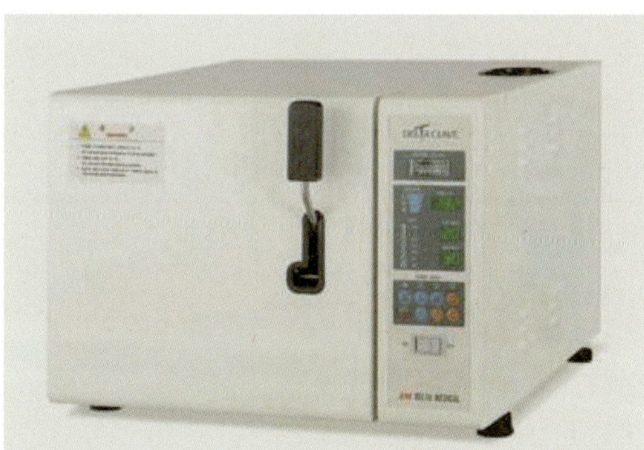

3. 미용 도구 소독 상태 점검표 작성

〈미용 도구 소독 상태 점검표 예시〉

( ) 월 미용 도구 소독상태 점검표

작업자	홍길동 (인)

○ : 잘함 △ : 보통 X : 안됨

	펫	브러시	가위	발톱깎이	겸자	클리퍼
1일	○	○	○	○	○	○
2일	○	○	○	○	○	○
3일	○	○	○	○	○	○
4일	○	○	○	○	○	○
5일	○	○	○	○	○	○
6일	○	○	○	○	○	○
7일	○	○	○	○	○	○
8일	○	○	○	○	○	○
9일	○	○	○	○	○	○
10일						
11일						
12일						
13일						
14일						
15일						
16일						
17일						
18일						
19일						
20일						
21일						
22일						
23일						
24일						
25일						
26일						
27일						
28일						
29일						
30일						
31일						

특 이 사 항		
날짜	지적사항	조치사항

→ 소독상태 점검필요한 안전장비 나열

→ 날짜별로 점검

→ 지적사항 및 조치사항 별도 작성

출처: NCS 애완동물미용 학습모듈 안전 · 위생관리

PART Ⅰ 안전 위생 관리

4. 작업자 위생 관리하기

학습내용(단원명)	수업 목표
작업자 위생 점검 및 관리	• 미용 작업을 할 때 청결과 위생을 위한 작업자 위생 관리 점검 항목을 파악할 수 있다. • 반려동물에 위해를 주지 않은 소독제의 종류를 파악할 수 있다. • 반려동물의 질병 감염을 방지하기 위해 작업자의 손을 수시로 세척, 소독하여 청결을 유지할 수 있다. • 반려동물의 안전사고와 질병 감염 방지를 위해 작업자의 손톱을 수시로 관리하여 청결을 유지할 수 있다. • 작업복과 작업자용 신발을 수시로 소독하여 청결을 유지할 수 있다.

1. 작업자 위생 점검 및 관리

1. 작업자의 위생 관리 목록 및 관리 방법

(1) 손과 손톱

반려동물을 장시간 손으로 미용 작업을 하게 되므로 작업자의 손과 손톱의 위생 관리는 중요하다. 손과 손톱은 세균이 번식하기 쉽고, 긴 손톱은 반려동물에게 상처를 줄 수 있다. 작업자의 감염을 예방하고 작업자가 세균을 전파하는 역할을 하지 않기 위해서는 손을 항상 깨끗이 닦고 손톱을 짧게 유지해야 한다.

작업 전과 후에는 항상 손과 손톱 밑을 깨끗이 씻고 소독하고, 식사 전과 후, 화장실 사용 전과 후, 오염물질을 접촉한 후에도 반드시 손의 위생 관리에 신경 써야 한다.

1) 위생적인 손 씻기 9단계 실천

① 흐르는 물에 손을 충분히 적시고 충분한 양의 비누를 묻힌다.

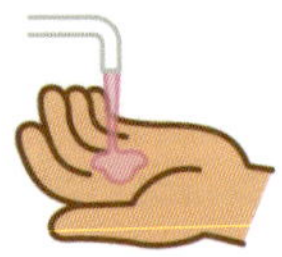

② 손바닥과 손바닥을 마주 대고 비벼 준다.

③ 손등과 손바닥을 마주 대고 비벼 준다. 반대쪽 손도 같은 방법으로 시행한다.

④ 손바닥을 맞대고 손깍지를 끼고 비벼 준다.

⑤ 손가락을 마주 잡은 뒤 비벼 준다.

⑥ 양쪽을 모두, 엄지손가락을 다른 편 손바닥으로 돌려주면서 문지른다.

⑦ 양쪽을 모두, 손가락을 반대편 손바닥에 놓고 문지르며 손톱 밑을 깨끗이 한다.

⑧ 흐르는 물에 손과 손톱 밑을 충분히 헹군다.

⑨ 마른 수건이나 종이 타월로 물기를 제거하고 건조시킨다.

2) 작업자의 손 소독

① 작업장 여러 곳에 손 소독제를 비치해 둔다.

② 수시로 손 소독제를 사용하여 소독하도록 한다.

3) 작업자의 손톱 관리

① 작업자의 손톱 밑은 세균번식이 용이하고 너무 길면, 반려동물에게 상처를 줄 수 있으므로 손톱을 짧게 유지하며 손톱 밑의 청결 상태를 수시로 체크 한다.

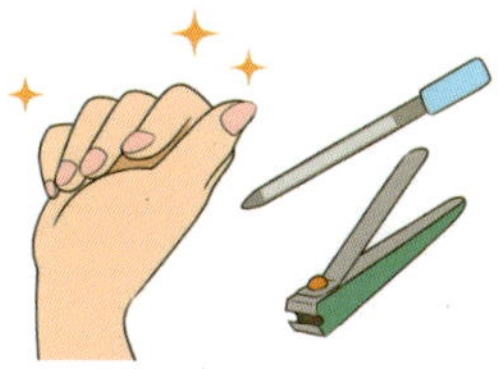

② 청결 상태를 확인하기 힘든 네일 컬러링과, 반려동물에게 상처를 줄 수 있는 네일 액세서리는 피한다.

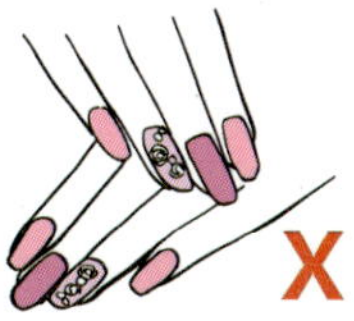

(2) 입 냄새 및 체취

작업자는 미용 상담 등 고객과 직접 대면하고, 반려동물과 장시간 미용 작업을 밀접한 위치에서 수행하므로 자극적인 냄새가 나는 화장품이나 향수를 피하고, 흡연을 자제한다.

1) 입 냄새가 나지 않도록 위생적으로 관리

① 음식을 먹거나 흡연이 있은 경우는 3분 안에 3분 이상 양치를 한다.

② 칫솔 뿐 아니라 치실과 치간칫솔을 사용한다.

③ 입 냄새 관리를 위해 입 안이 건조해지지 않도록 자주 물을 마신다.

④ 냄새가 강한 음식을 먹은 후에는 녹차나 홍차, 레몬차, 생강차 등을 마셔준다.

⑤ 비타민 C가 풍부한 채소와 과일을 많이 섭취한다.

⑥ 숙면을 취하고 자신만의 스트레스 해소법을 찾아 스트레스 지수가 높아지는 것을 방지하고, 건강한 생활을 유지하도록 한다.

Check point

■ 올바른 양치질 방법

① 치약이 칫솔모 속으로 들어갈 수 있도록 꾹 눌러 칫솔의 1/2 정도를 짜준다.

② 어금니 바깥쪽 > 안쪽, 앞니의 안쪽 > 바깥쪽, 앞니 위아래 > 어금니 씹는 면 > 혀의 순서로 꼼꼼히 닦아준다.

- 어금니 바깥쪽 : 잇몸에서 치아가 난 반향으로 칫솔을 쥔 손목을 돌리며 닦아준다.
- 어금니 안쪽 : 어금니 안쪽 면은 잇몸에서 치아가 난 방향으로 손목을 돌리며 닦아준다.
- 앞니의 안쪽 : 앞니의 안쪽 면은 칫솔을 세워서 안쪽에서 바깥쪽을 향해 큰 원을 그리듯 훑어준다.
- 앞니의 바깥쪽 : 앞니의 바깥면은 잇몸에서 치아가 난 방향으로 돌리며 닦아 준다.
- 앞니 위아래 : 윗니는 위에서 아래로 아랫니는 아래에서 위로 닦으며, 부위마다 같은 동작으로 닦아준다.

• 어금니 씹는 면 : 음식물을 씹는 면은 앞뒤로 왕복하며 부위마다 10번씩 닦아준다.
• 혀 : 혀를 3부분으로 나눠 한부분씩 안쪽에서 바깥쪽으로 쓸어내리며 닦는다.

③ 양치질을 할 때 지나치게 세게 하거나 오래 하면 잇몸이 패여 이가 시릴 수 있다.
④ 한 칫솔을 너무 오래 사용하지 않도록 한다. 보통 3달에 한번 교체가 적당하다.
⑤ 칫솔을 사용 후에는 칫솔모 사이에 낀 음식물 찌꺼기나 치약을 완전히 제거한 후 세균이 번식하지 않도록 칫솔 케이스를 사용하거나 칫솔 보관함 등 올바른 자리에 보관한다.
⑥ 양치 후 10번 이상은 물로 깨끗하게 입 안을 헹궈낸다.
⑦ 맥주나 콜라, 오렌지주스, 물에 희석해 마시는 식초류를 마셨을 경우는 물로 입을 헹궈준 후 20~30분 후에 이를 닦는다.

출처: 올바른 양치질 방법 & 순서, 센트럴팜, 올바른 양치질 방법, 서울이건치과

2) 샤워를 통한 체취 관리

땀과 피지를 효과적으로 제거하고, 냄새가 나는 것을 방지하기 위해 매일 샤워를 하여 위생적으로 관리한다.

(3) 헤어

안전사고의 예방을 위해 머리카락이 긴 경우 단정하게 묶고, 항상 청결하게 관리한다.

(4) 장신구

미용 작업 중 안전사고 예방을 위하여 과도하게 늘어지거나 큰 장신구는 착용을 피한다.

(5) 작업복과 신발

작업자의 작업복은 오염이 덜 되고 방수가 되는 원단을 선택하는 것이 좋으며, 작업자의 신체 보호를 위하여 상의와 하의 모두 긴 형태의 디자인을 선택하도록 한다. 신발은 오염물질의 접촉과 안전사고에 대비하기 위하여 발을 완전히 감싸는 형태의 디자인을 선택하도록 하며, 작업자의 피로감을 줄여 줄 수 있는 굽이 낮은 형태의 것이 좋다.

2. 피부 소독제의 종류

(1) 알코올(Alcohol)

주사 부위, 채혈, 각종 침습적인 절차 시행 전에 피부 소독에 사용된다. 70% 알코올에 적신 솜을 사용하며, 이때 사용하는 솜은 멸균된 솜을 사용한다. 창상 치료에 사용되기도 하며 점막 등에는 자극이 되므로 사용하지 않는다.

(2) 클로르헥시딘(Chlorhexidine) gluconate hibiscrub

피부에 존재하는 그람양성균에 높은 소독력을 나타낸다. 결핵균에는 효력이 없으며, 바이러스와 아포에 대해서도 살균력이 없다. 피부에 자극이 적고 요오드보다 피부에 잔재효과가 있다. 희석액의 종류와 농도에 따라 손 씻기 용, 기구 소독, 점막 소독 등에 다양하게 사용된다.

(3) 과산화수소(hydrogen peroxide:H_2O_2)

약한 소독제로서 조직과 혈액에 있는 효소와 접촉 시 산소와 물로 전환하여 거품이 발생하며, 오염되었거나 괴사된 조직의 제거를 돕는다.

산소를 발생시키기 때문에 혐기성 균에 살균력이 좋다. 그러나 거품으로 인해 새롭게 생성된 상피세포를 들뜨게 할 수 있고, 피부를 건조시킨다. 3% 과산화수소를 구강소독제로 사용할 경우는 3~10배 희석해서 사용하도록 권장하고 있다.

(4) 포비돈

결핵균, 곰팡이까지 살균의 범위가 넓고 작용시간이 빠르다. 그러나 유기물에 의해 효과가 저해되고 피부 자극이 심하다. 수술장, 중환자실 등의 의료진의 손 씻기에 사용되며, 10% 용액은 창상 치료나 침습적 시술 전 피부준비에 사용되고 1.5% 용액은 구강 함수(삼키지 않고 목 안을 헹구어 내어 염증을 줄여주는 용도)에 사용한다.

3. 접촉에 의한 주요 인수공통감염병

(1) 진균성 인수공통감염병

① 피부 진균증

감염 동물들과의 직접접촉 또는 간접접촉(감염 동물에서 떨어진 털에 붙어있는 곰팡이 포자나 피부 비늘과 이들에 오염된 클리퍼, 욕조, 빗, 가위 등의 매개물과 접촉)에 의하여 전파된다. 사람 간의 전파는 매우 드물고 동물에서 사람으로 전파되고 있다. 동물 간의 전파는 밀집 사육이 큰 원인이며 개체의 감수성 차이이다.

(2) 인수공통기생충감염증

① 원충성 감염증

원충성 인수공통감염증 중 국내에서 발생보고가 있는 것은 아메바성 이질, 톡소플라즈병, 발란티듐증, 크립토스포리듐증 등이 있다. 국내에서는 아직 발생이 불확실하지만 세계적으로 문제시되어 우리나라 법정 제4급 감염병으로 분류되어 있는 바베시아증(바베스열원충증), 리슈마니아병(리슈만편모충증), 파동편모충증(아프리카수면병)이 있다.

② 연충성 감염증

연충성 감염은 연충류가 사람과 동물에 모두 감염이 되던지 동물을 거쳐 사람에게 감염되는 모든 것을 포함해서 총칭하고 있다. 동물는 질병 상태가 아니더라도 그 연충류가 인간에게 피해를 주는 경우는 그것을 인수 공통 연충류로 분류하게 된다.

흡충류, 조충류, 선충류가 있다.

③ 외부 기생충성 감염증

가축, 야생동물 등의 외부 기생충이 동물과 사람에게 피해를 주는 절지동물을 말한다. 인수 공통으로 감염되는 외부 기생충의 종류는 30여 종이 되며 우리나라에 오랫동안 피해를 입혀 온 절지동물로는 벼룩, 모기, 파리, 이, 좀, 진드기 등을 들 수 있다.

4. 작업자의 위생 관리 점검표 작성

〈작업자의 위생 관리 점검표 예시〉

( ) 월 작업자 위생관리 점검표

작업자	홍길동 (인)

○ : 잘함 △ : 보통 X : 안됨

점검항목 / 날짜	손의 위생 상태	손톱의 위생 상태	구취 및 체취	헤어상태	장신구 유무	작업복의 위생 상태	신발의 위생 상태
1일	○	○	○	○	○	○	
2일	○	○	○	○	○	○	
3일	○	○	○	○	○	○	
4일	○	○	○	○	○	○	
5일	○	○	○	○	○	○	
6일	○	○	○	○	○	○	
7일	○	○	○	○	○	○	
8일	○	○	○	○	○	○	
9일	○	○	○	○	○	○	
10일							
11일							
12일							
13일							
14일							
15일							
16일							
17일							
18일							
19일							
20일							
21일							
22일							
23일							
24일							
25일							
26일							
27일							
28일							
29일							
30일							
31일							

특 이 사 항		
날짜	지적사항	조치사항

위생 관리가 필요한 항목 나열

날짜별로 점검

지적사항 및 조치사항 별도 작성

출처: NCS 애완동물미용 학습모듈 안전 · 위생관리

〈서식 1〉 안전 장비 점검표

(　　)월 안전 장비 점검표

작업자	(인)

○: 잘함, △: 보통, ×: 안 됨

점검 항목 / 날짜	안전문 (출입문)	안전문 (작업장)	안전문 (기타)	울타리 1	울타리 2	이동장	케이지	미용테이블 고정암	엘리자베스 칼라	입마개
1일										
2일										
3일										
4일										
5일										
6일										
7일										
8일										
9일										
10일										
11일										
12일										
13일										
14일										
15일										
16일										
17일										
18일										
19일										
20일										
21일										
22일										
23일										
24일										
25일										
26일										
27일										
28일										
29일										
30일										
31일										

특이사항		
날짜	지적사항	조치사항

출처: NCS 애완동물미용 학습모듈 안전 · 위생관리

〈서식 2〉 작업장과 대기 장소의 청결 상태 점검표

(　　)월 작업장과 대기 장소의 청결 상태 점검표

작업자	(인)

○: 잘함, △: 보통, ×: 안 됨

점검 항목 날짜	바닥의 청결 상태	작업 테이블의 청결 상태	목욕조의 청결 상태	케이지의 청결 상태	울타리의 청결 상태	안전문의 청결 상태
1일						
2일						
3일						
4일						
5일						
6일						
7일						
8일						
9일						
10일						
11일						
12일						
13일						
14일						
15일						
16일						
17일						
18일						
19일						
20일						
21일						
22일						
23일						
24일						
25일						
26일						
27일						
28일						
29일						
30일						
31일						

특이사항		
날짜	지적사항	조치사항

출처: NCS 애완동물미용 학습모듈 안전 · 위생관리

〈서식 3〉 미용 도구의 소독 상태 점검표

(　　)월 미용 도구 소독 상태 점검표

작업자	(인)

○: 잘함, △: 보통, ×: 안 됨

점검 항목 / 날짜	빗	브러시	가위	발톱깎이	겸자	클리퍼
1일						
2일						
3일						
4일						
5일						
6일						
7일						
8일						
9일						
10일						
11일						
12일						
13일						
14일						
15일						
16일						
17일						
18일						
19일						
20일						
21일						
22일						
23일						
24일						
25일						
26일						
27일						
28일						
29일						
30일						
31일						

특이사항		
날짜	지적사항	조치사항

출처: NCS 애완동물미용 학습모듈 안전 · 위생관리

〈서식 4〉 작업자의 위생 관리 점검표

(　　)월 작업자 위생 관리 점검표

작업자	(인)

○: 잘함, △: 보통, ×: 안 됨

점검 항목 날짜	손의 위생 상태	손톱의 위생 상태	입 냄새 및 체취	머리 상태	장신구 유무	작업복의 위생 상태	신발의 위생 상태
1일							
2일							
3일							
4일							
5일							
6일							
7일							
8일							
9일							
10일							
11일							
12일							
13일							
14일							
15일							
16일							
17일							
18일							
19일							
20일							
21일							
22일							
23일							
24일							
25일							
26일							
27일							
28일							
29일							
30일							
31일							

특이사항		
날짜	지적사항	조치사항

출처: NCS 애완동물미용 학습모듈 안전 · 위생관리

PART Ⅱ

기자재 관리

1. 미용 도구 관리하기
2. 미용 소모품 관리하기
3. 미용 장비 유지 보수하기

PART Ⅱ 기자재 관리

1. 미용 도구 관리하기

학습내용(단원명)	수업 목표
미용 도구의 종류 파악 및 소독	• 미용 작업에 필요한 도구의 종류를 파악할 수 있다. • 미용 도구의 올바른 사용을 위하여 매뉴얼을 숙지할 수 있다. • 소독방법에 따라 미용 도구를 소독할 수 있다. • 위생 관리 점검표에 따라 미용 도구의 소독 상태를 점검할 수 있다.
미용 도구의 성능 점검과 보관	• 미용 도구의 기능 유지를 위하여 주기적으로 성능을 점검할 수 있다. • 미용 도구의 손상과 망실 방지를 위하여 도구함에 정리, 정돈할 수 있다.

1. 미용 도구의 종류 파악 및 소독

1. 미용 도구 세트

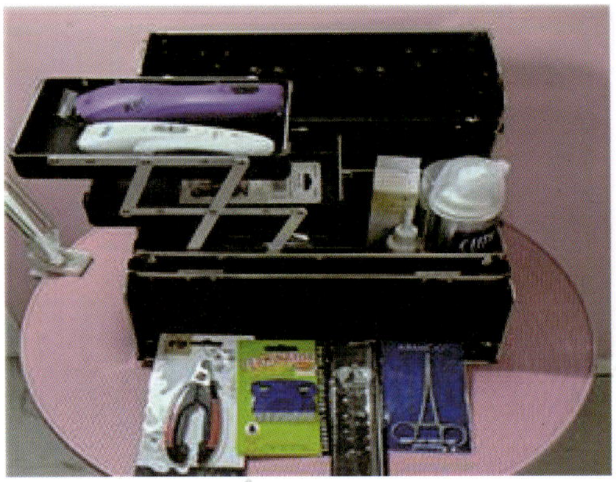

(1) 가위(scissors)

① 블런트 가위(blunt scissors)

반려동물의 털을 자르는 데 사용하며, 민가위라고도 부른다. 용도에 따라 가위의 길이와 크기가 다양하다.

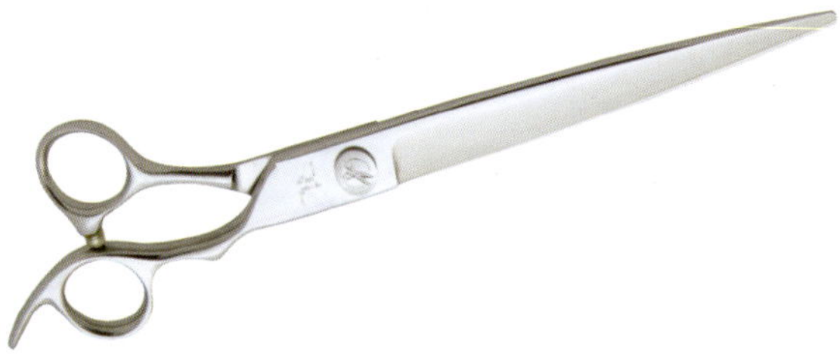

② 시닝 가위(thinnig scissors)

반려동물 털의 숱을 치는 데 사용하며, 숱가위라고도 부른다. 홈과 발 수에 따라 절삭률이 달라지므로 용도에 맞게 선택하여 사용한다.

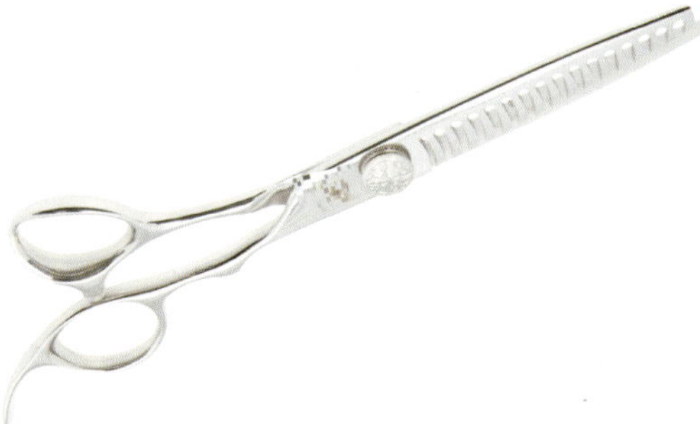

③ 커브 가위(curve scissors)

곡선으로 된 부분을 자를 때 좋으며, 가윗날이 휘어진 모양으로 되어있다.

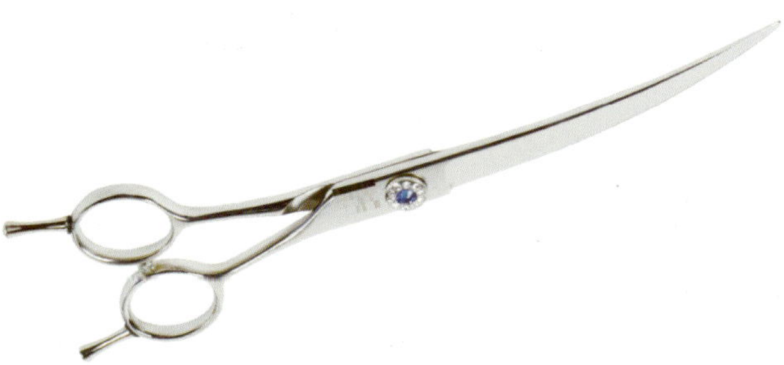

④ 텐텐 가위(tenten scissors)

시닝 가위와 비슷한 모양을 하고 있지만 절삭률이 시닝 가위보다 더 좋으며, 요술 가위라고 부른다. 제품별 절삭률에 따라 털이 잘리는 양의 차이가 있으므로 사용 전 미리 숙지하도록 한다.

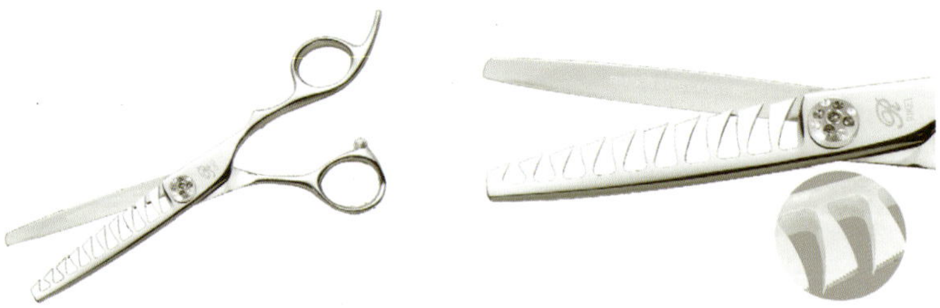

텐텐 가위

(2) 클리퍼(clipper)

반려동물의 털의 길이를 일정하게 자르는 데 사용한다. 전문가용은 전체 미용이 가능하며, 섬세한 부분이나 기본 미용의 클리핑에는 소형 클리퍼 등을 사용한다.

① 전문가용 클리퍼

반려동물 미용 시 얼굴, 발이나 몸체 등 전반적인 클리핑 작업에 다양하게 사용한다. 클리퍼 본체에 여러 가지 다른 길이의 클리퍼 날을 번갈아 가며 장착하면서 사용할 수 있다.

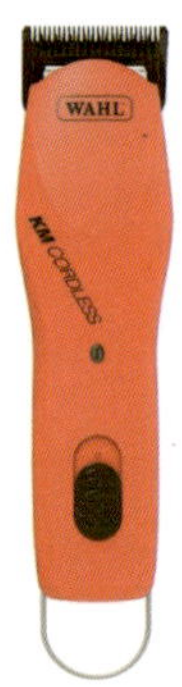

전문가용 무선 클리퍼

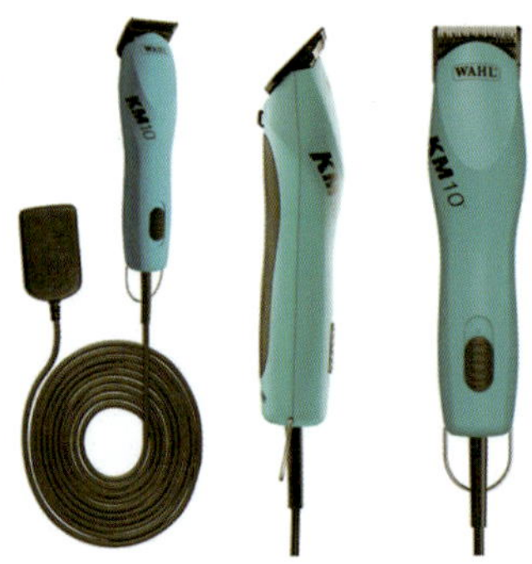

전문가용 유선 클리퍼

② 소형 클리퍼

전문가용 클리퍼보다 가볍고 크기가 작아서 편하게 작업할 수 있는 장점이 있으나, 날의 길이가 제한적인 단점이 있다. 대부분의 소형 클리퍼에는 한가지의 날의 종류만 부착되어 있다.

시중의 다양한 제품들의 출시로 소형 클리퍼의 날 길이를 조절할 수 있으며 폭이 매우 좁은 날은 섬세한 표현을 할 수 있다.

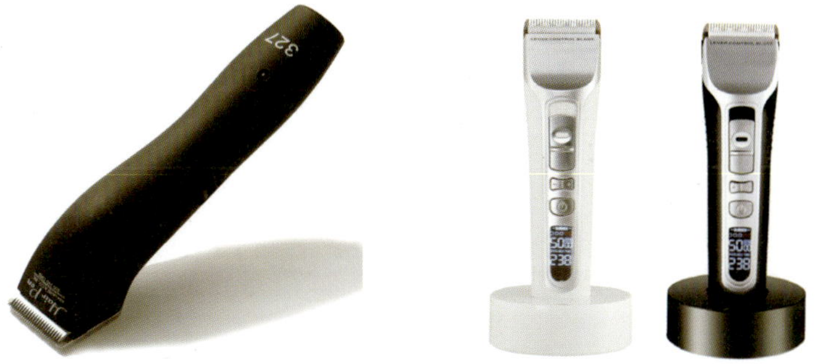

소형 클리퍼

(3) 클리퍼 날(clipper blade)

전문가용 클리퍼에 장착해서 사용하며, 잘리는 털 길이를 조절한다. 클리퍼의 윗날은 털을 자르고 클리퍼 아랫날이 커팅 길이를 조절하는 역할을 한다. 클리퍼 날에 적힌 번호는 일반적으로 번호가 클수록 짧게 컷팅 되며, 번호에 따른 날의 길이는 제조사마다 약간씩 편차가 있다.

날에 표기된 mm 수치는 반려동물의 털을 역방향으로 클리핑하고 남은 털의 길이를 말한다. 반려동물에 따라서, 미용 방법과 미용 부위에 따라서 알맞은 날을 선택하여 사용한다.

여러 가지 클리퍼 날

Check point

■ 클리퍼 날의 장착 방법 I

날 끼우는 부분이 활짝 벌려져 있는 상태에서 날을 끼울 준비를 한다.

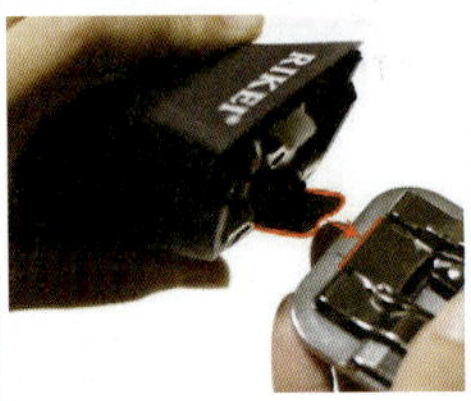			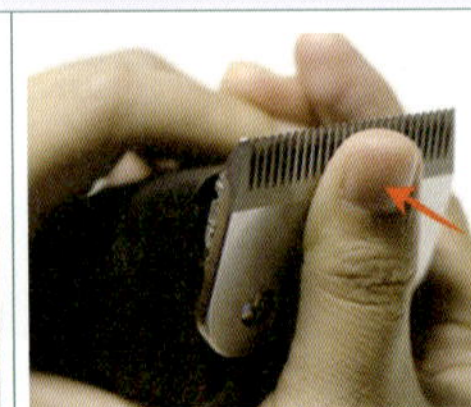
끼우는 부분에 날을 끼운다.	끼우는 안쪽까지 날을 끼운다.	꾸욱 눌러준다.	장착 완료

■ 클리퍼 날의 장착 방법 II

날 끼우는 부분이 닫혀있는 상태일 때 열쇠나 드라이버를 이용해 날을 끼울 준비를 한다.

분리 버튼을 누르고 있으면 고정 핀이 해체 된다.	분리 버튼을 누르고 있는 상태에서 열쇠나 일자 드라이버를 틈새에 끼운다.	열쇠를 틀어 틈새를 끝까지 벌려준다.	날 끼우는 부분이 활짝 벌려져 있는 상태에서 날 끼울 준비를 한다.

완료 후 클리퍼 날의 장착 방법 I 로 돌아가서 실행한다.

Check point

■ 클리퍼 날의 분리 방법

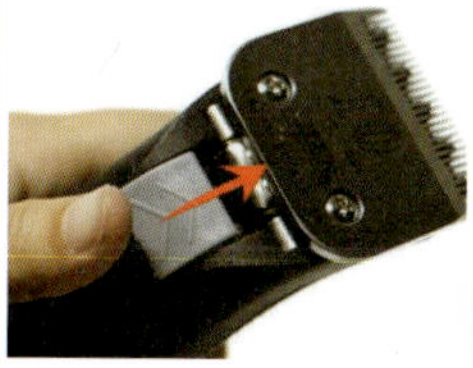	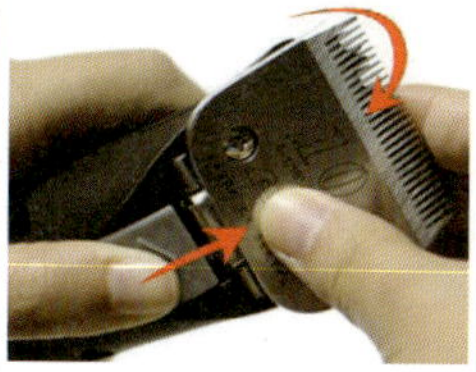	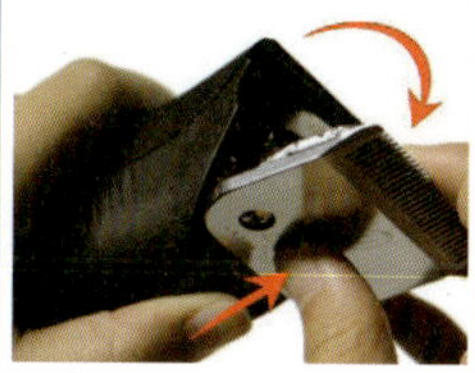	
분리 버튼을 화살표 방향으로 민다.	분리 버튼을 누른 상태에서 날을 당긴다.	날을 끝까지 당긴다.	날을 빼낸다.

(4) 클리퍼 콤(clipper comb)

클리퍼 날에 덧빗으로 끼워 보통 1mm 길이의 날에 클리퍼 콤을 덧끼워 사용한다. 클리퍼 콤 날에 따라 덧끼우는 길이를 조절하며 클리핑 할 수 있다.

클리퍼 콤

(5) 빗

① 슬리커 브러시(slicker brush)

털이 엉켜있거나 곱슬한 털을 펴주는데 사용하는 빗이며, 드라이를 위한 빗질에도 사용된다. 금속이나 플라스틱, 나무 등의 재질 판에 고무 쿠션이 붙어있고 그 위에 구부러진 철사 모양의 쇠가 촘촘하게 박혀 있는 모양이다. 핀의 재질이나 핀을 심은 간격, 브러시의 크기와 용도를 알맞게 선택하여 사용하도록 한다.

힘을 너무 세게 주어 빗질하면 피부에 상처가 날 수 있으니 조심하며 반려동물의 엉킨 털을 풀어주고, 볼륨을 넣어 준다.

슬리커 브러시

② 핀 브러시(pin brush)

장모종의 오염물을 탈락시키고 엉킨 털을 제거하는 용도로 사용된다. 나무판이나 플라스틱 위에 고무 쿠션이 붙어있으며 둥근 모양의 쇠침으로 된 핀들이 끼워져 있다. 패드의 부드러움의 정도에 따라 선택하여 사용할 수 있다.

핀 브러시

③ 브리슬 브러시(bristle brush)

동물의 털로 만들어진 빗이다. 파우더나 오일 등을 바르거나 피부 자극을 하는 마사지 용도로 사용한다. 돼지, 말, 멧돼지 등 여러 동물의 털을 사용하며, 목적에 따라 재질이나 길이가 다양하다.

브리슬 브러시

Check point

■ 브리슬 브러시의 종류

1. 말 털 브러시

말의 갈기나 꼬리의 긴 털을 이용해서 만든다. 털의 감기는 성질 때문에 오일을 바르는 데에 주로 사용한다.

2. 멧돼지 털 브러시

다른 동물 털로 만든 브러시와 비교했을 때 굵고 딱딱한 편이다. 멧돼지 털은 부위에 따라 딱딱한 정도가 다르기 때문에 등 부위의 단단한 털을 이용해 만든 브러시는 털이 길고 풍성한 모질의 동물에게 사용하고, 비교적 부드러운 옆구리 털로 만든 브러시는 허벅지 안쪽이나 꼬리 등의 빗질에 사용한다.

3. 돼지 털 브러시

돼지의 품종에 따라 굵기와 길이, 딱딱한 정도가 다르다. 애완동물의 품종과 사용 용도에 따라 적당한 것을 선택하여 사용한다.

출처: NCS 애완동물미용 학습모듈 기자재관리

④ 콤(comb)

죽은 털과 엉킨 털을 제거하고, 가르마 나누기, 털의 방향을 만들거나 세우는 등 다양한 용도로 사용한다. 일직선으로 뻗어있는 빗에 가느다란 이가 촘촘하게 달려있고 가장 기본적인 빗이다. 이러한 형식의 빗은 털에 손상이 적고 가벼운 장점이 있다. 빗의 굵기, 크기, 중량, 길이 등이 다양하므로 반려동물의 미용 용도와 품종에 따라서 알맞은 빗을 선택하여 사용한다.

콤

⑤ 오발빗(5-Toothed comb)

포크 콤(fork comb)이라고도 하며 반려동물의 털을 부풀려 볼륨을 표현하기 위해 사용된다. 뒷부분의 핀으로 볼륨감을 주면서 사용한다.

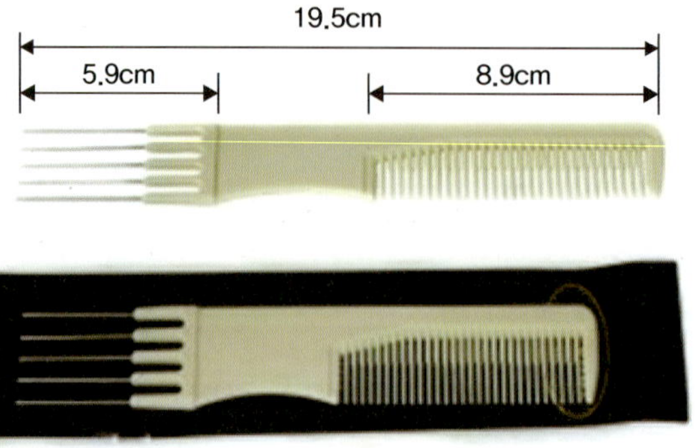

오발빗

⑥ 꼬리빗(Pointed comb)

반려동물의 털의 가르마를 나누거나 래핑을 할 때 사용된다.

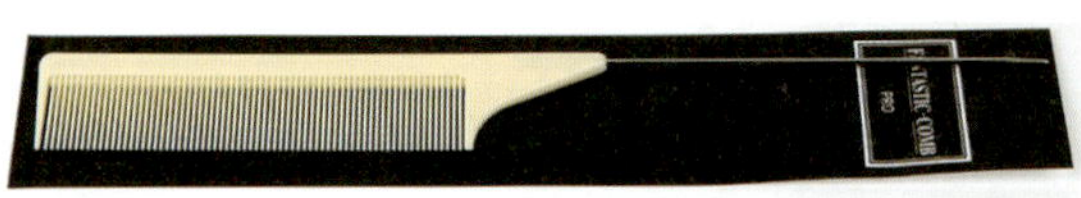

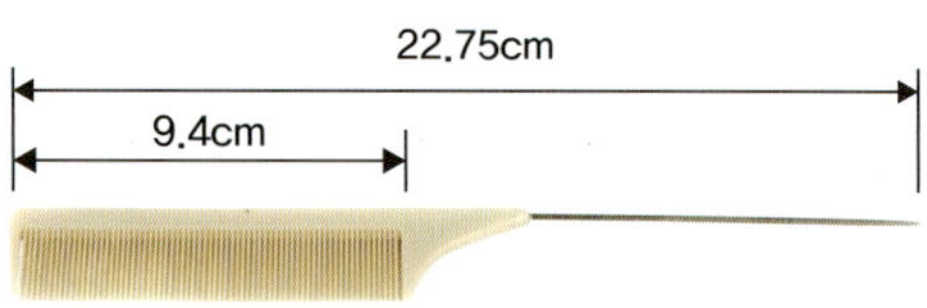

꼬리빗

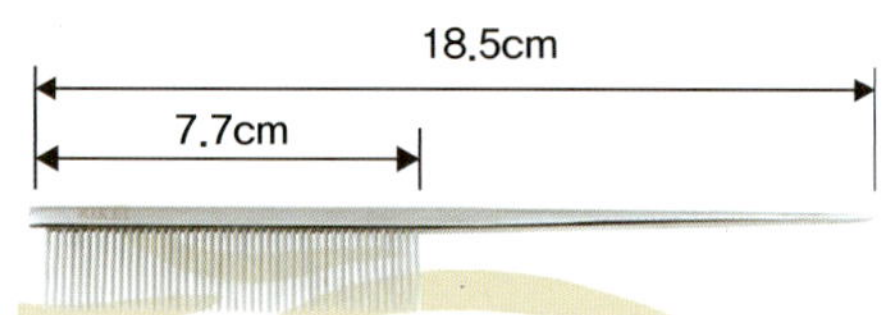

스텐 꼬리빗

⑦ 눈곱빗

안면빗이라고도 하며 눈 주변의 섬세한 부분에 사용한다.

눈곱빗

(6) 스트리핑 나이프(stripping knife)

스트리핑에 사용되는 나이프이다. 털을 뽑아주거나 언더코트를 솎아내는 용도, 털의 정리가 필요할 때 사용한다. 스트리핑 나이프는 코스 나이프(coarse knife), 미디엄 나이프(medium knife), 파인 나이프(fine knife) 3종류가 있다.

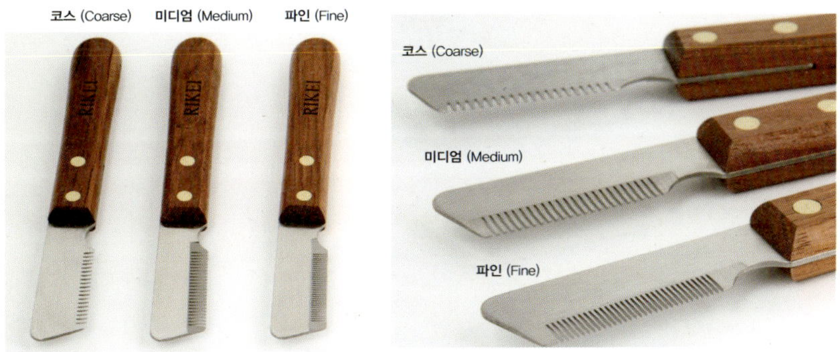

다양한 스트리핑 나이프

① 코스 나이프(coarse knife)

언더코트 제거의 용도로 사용하며, 날이 가장 거칠고 두껍다.

② 미디엄 나이프(medium knife)

머리, 목, 꼬리 부분의 털 제거 용도로 사용하며, 파인 나이프와 코스 나이프의 중간 두께이다.

③ 파인 나이프(fine knife)

눈, 귀, 목 아래와 볼의 털 제거 용도로 사용하며, 날이 가장 촘촘하고 얇다.

(7) 코트킹(coat king)

불필요한 언더코트를 자연스럽게 제거해주는 도구이며, 반려동물 코트의 특징에 따라서 날의 촘촘함의 정도와 크기 선택을 하여 사용한다.

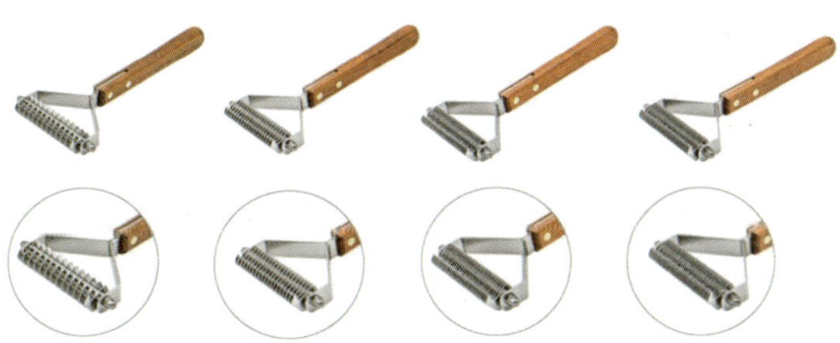

코트킹

(8) 겸자(forceps)

반려동물의 귓속의 털을 제거하거나 다듬을 때 사용을 하며, 직선, 곡선, 유구, 무구 등의 종류가 다양하다.

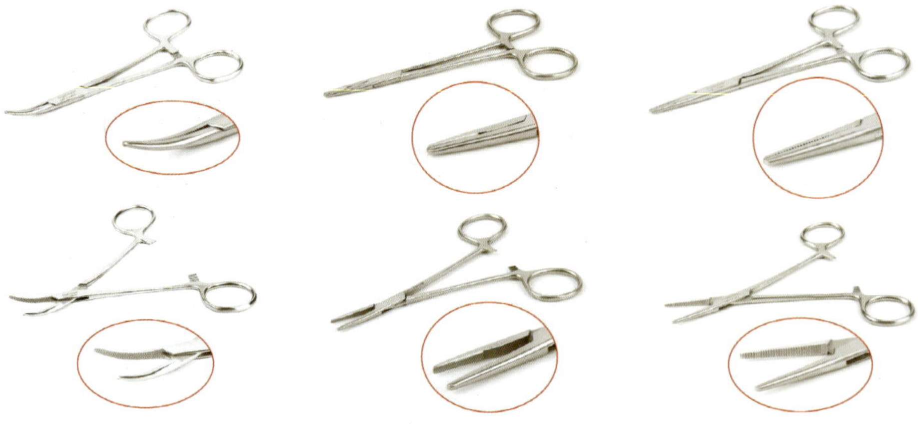

겸자

(9) 그 밖의 도구

① 발톱깎이(nail clipper)

반려동물의 발톱을 깎는 도구이며, 집게형, 니퍼형, 기요틴형 등의 종류가 있다.

집게형 발톱깎이

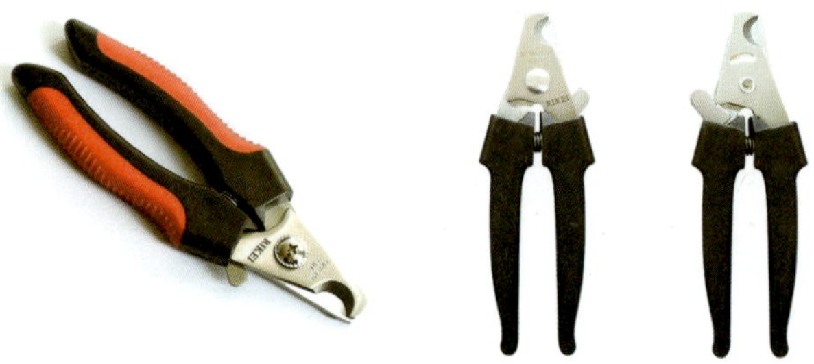

니퍼형 발톱깎이

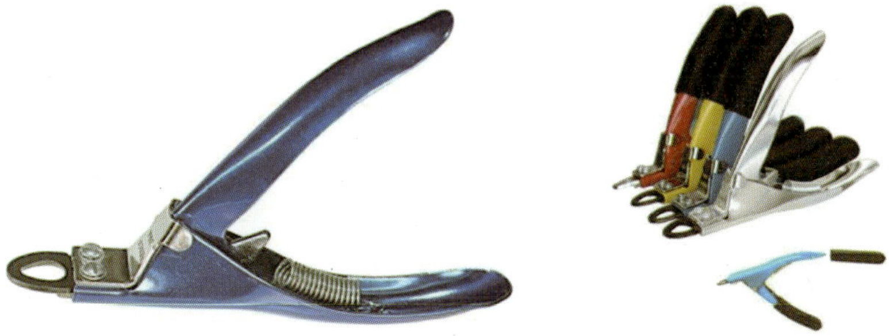

기요틴형 발톱깎이

② 발톱갈이(nail file)

반려동물의 발톱을 깎은 후 날카로워진 발톱을 둥글게 갈아서 사람이나 동물의 피부를 긁어 상처를 입히지 않도록 다듬는 도구이다. 전동식과 수동식이 있다.

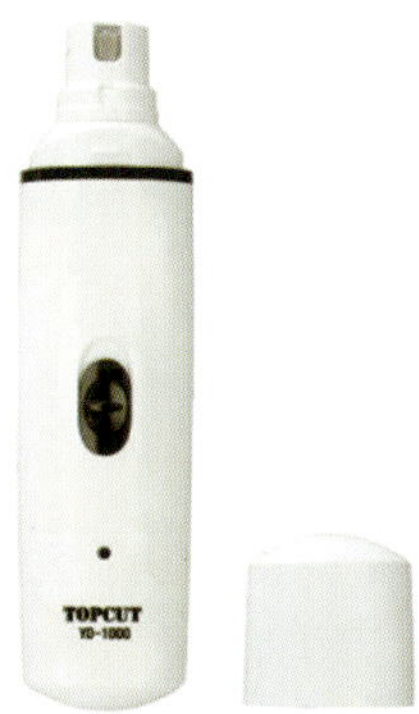

전동식 발톱갈이

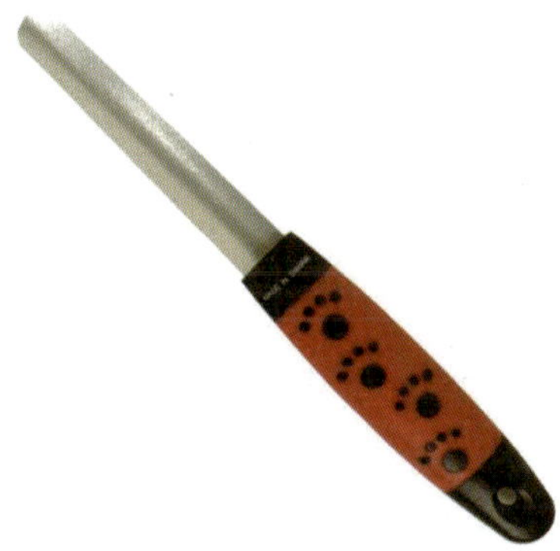

수동식 발톱갈이

③ 밴딩 가위(bending scissors)

밴딩이나 래핑 작업 시 고무밴드를 커팅할 때 사용하는 가위이다.

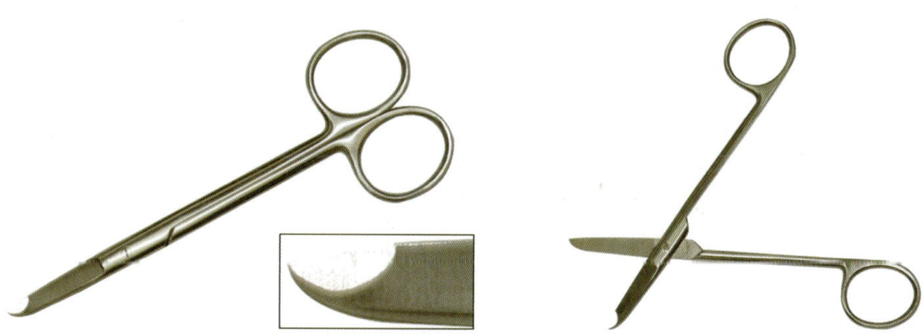

밴딩 가위

④ 독 위그(Dog wig)의 견체 모형

외피를 씌워 미용 연습을 하는 견체 모형이다. 전체 바디에 위그를 장착하여 사용할 수도 있고, 얼굴, 다리 등 부분만 장착하여 부분적으로 연습을 할 수 있다.

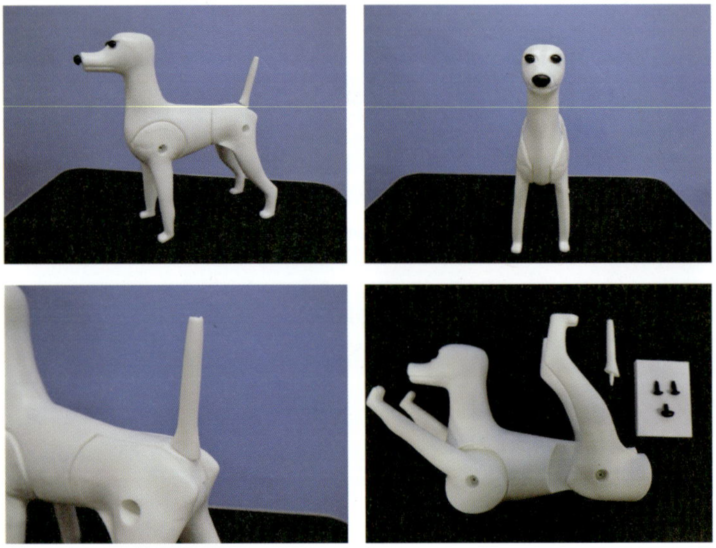

견체 모형

2. 물림 방지 도구

(1) 엘리자베스 칼라(Elizabeth collar)

엘리자베스 칼라를 줄여 'E-collar'라고도 한다. 16~17세기 유행했던 주름 칼라에서 아이디어를 얻어 반려동물에게 적용하게 되면서 이러한 이름을 갖게 되었다. 일반적으로 수술한 곳의 상처를 핥지 못하게 하거나 귀나 발을 심하게 긁거나 핥을 때 그것을 제지하기 위한 용품이다.

반려동물을 과하게 결박하지 않을 수 있어서 물림을 방지하기 위한 도구로 유용하게 사용되고 있으나 크게 공격성을 보이는 반려동물에게는 적합하지 못하다.

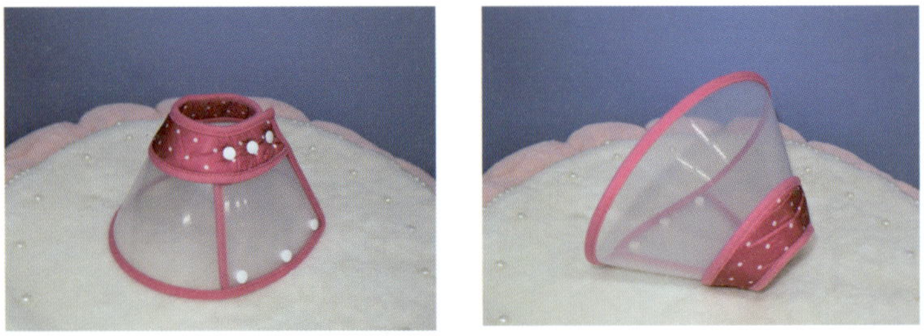

엘리자베스 칼라

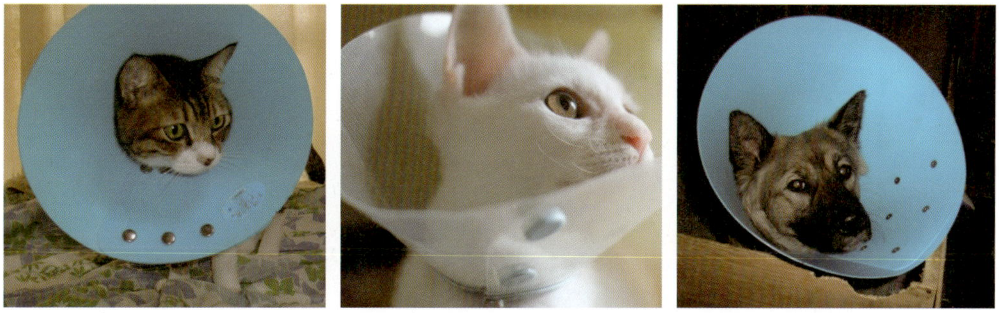

엘리자베스 칼라 예시

(2) 입마개

반려동물이 작업자나 작업 도구를 물지 못하게끔 입에 씌우는 도구이다. 천이나 플라스틱 등으로 만들어졌으며 단두종과 장두종 또는 동물의 종류에 따라 다양한 종류가 있다.

① 장두종 플라스틱 입마개

입이 다 가려지는 입마개는 반려동물이 호흡하고, 체온을 유지하기 위한 입과 혀의 열 발산에 문제가 생길 수 있으므로 주의해야 한다.

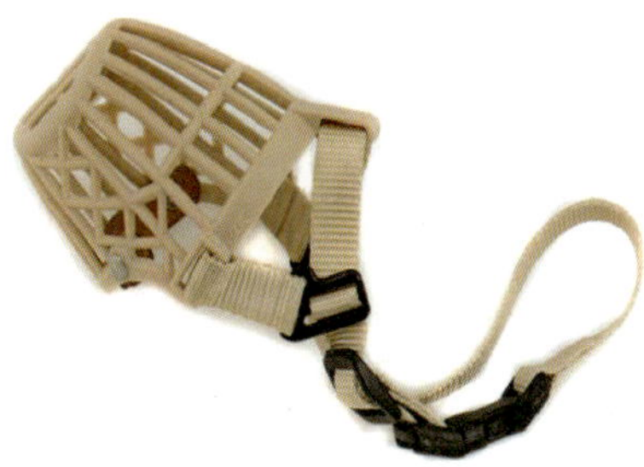

장두종 입마개

② 장두종 플라스틱 오리주둥이 입마개

오리주둥이 입마개는 크게 공격성을 보이는 반려동물에게는 적합하지 못하다.

오리주둥이 입마개

③ 단두종 플라스틱 입마개

시추나 퍼그 등 주둥이가 짧은 반려동물에게 사용한다.

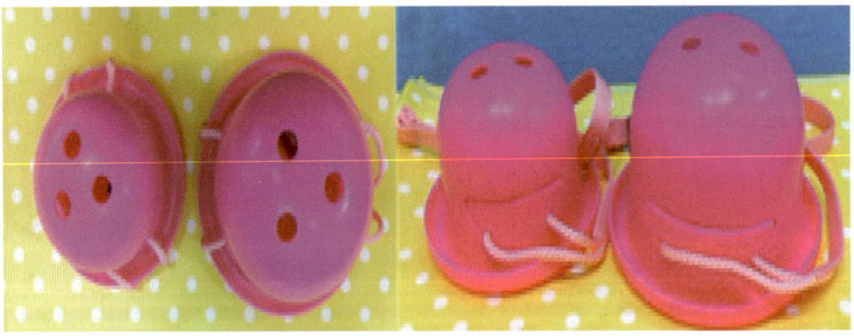

단두종 입마개

3. 미용 도구 및 물림 방지 도구 소독

(1) 미용 도구와 물림 방지 도구의 제품 설명서를 읽고 사용 방법을 파악하고 주의사항 숙지

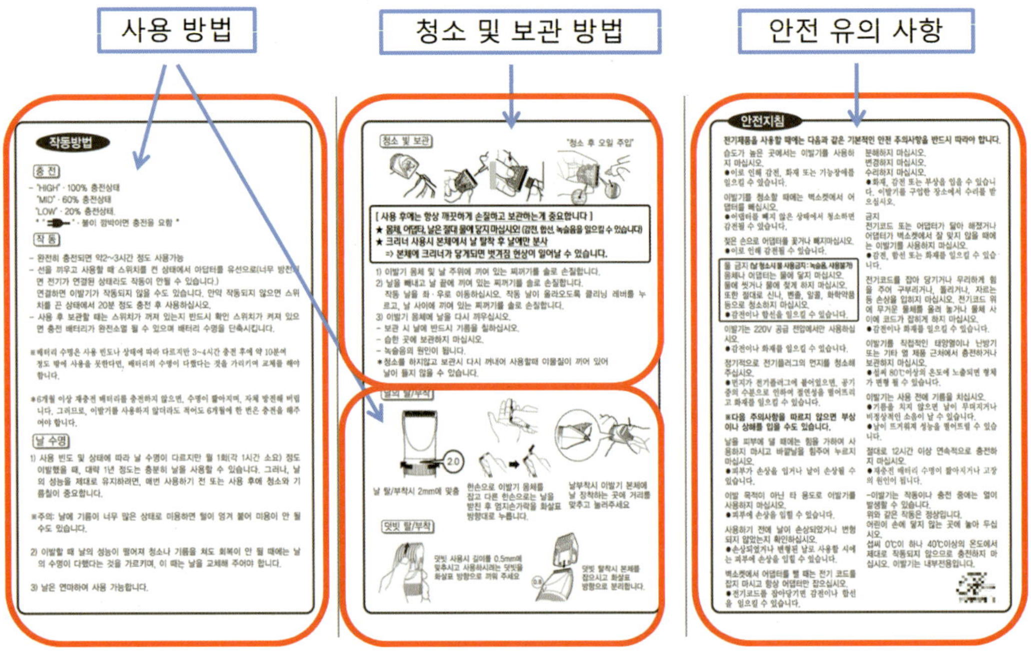

제품 설명서의 예시

출처: NCS 애완동물미용 학습모듈 기자재관리

(2) 소독제와 소독 기기 및 제품 윤활제 종류 파악과 사용 매뉴얼 확인

① 소독제의 제품 사용설명서를 읽고 주의사항 및 사용 방법을 파악한다.

- 미용 도구 재질에 따라서 적용할 수 있는 소독제 종류를 파악한다.
- 소독제의 사용 시 주의사항을 확인한다.

② 소독 기기의 제품 사용설명서를 읽고 주의사항 및 사용 방법을 파악한다.

- 미용 도구 재질에 따라서 적용할 수 있는 소독 기기 종류를 파악한다.
- 소독 기기의 사용 시 주의사항을 확인한다.

③ 윤활제의 제품 사용설명서를 읽고 주의사항 및 사용 방법을 확인한다.

- 윤활제 사용이 필요한 도구 종류를 파악한다.
- 윤활제 종류에 따라서 적용하고 사용할 수 있는 미용 도구를 파악한다.
- 윤활제 사용 시의 주의사항을 확인한다.

(3) 미용 도구 소독

미용 도구 소독 시에는 항시 손을 깨끗이 씻고, 장갑을 끼고 작업을 하도록 하며, 도구에 붙어있는 털과 이물질을 털어낸다. 털과 이물질을 제대로 털어내지 않으면 도구의 수명이 단축되는 원인이 될 수 있다.

Check point

■ 미용 도구 소독 시 주의사항

- 가위에 붙어 있는 털은 가윗날에 미세하게 상처를 만들어 내어 가위 성능을 떨어뜨리고, 클리퍼의 날에 이물질이 묻어있으면 클리퍼의 모터에 과부하를 일으킨다.
- 털을 털어 낼 때 부드럽게 만들어진 화장용 솔부터 억센 칫솔까지 다양하게 도구를 사용하는데 반려동물 미용 도구 특성에 맞는 제품을 선택하여 사용하도록 한다.

① 분사식 소독제를 이용한 미용 도구의 소독

도구 재질을 확인하고 소독제 사용 가능 여부를 판단하여 소독제를 도구에 분사하여 소독한다. 도구가 소독제에 젖어 있으면 수분을 닦아내고 건조시킨다.

② 소독 기기를 이용한 미용 도구의 소독

- 도구 재질을 확인하고 소독 기기에 사용 가능한지 확인한다.
- 소독 기기 소독방법을 확인하고 사용 방법에 따라 소독한다.

Check point

■ 미용 도구 소독법

- **자외선 멸균법** : 2,500~2,650Å의 자외선을 조사하여 멸균하는 방법이다. 소독이 간단하고 적용할 수 있는 도구가 많아 미용 도구 소독에 보편적으로 사용하고 있다.
- **고압 증기 멸균법** : 121°C에서 15분 이상 소독한다. 이 방법은 소독 효과는 매우 효과적이나 물기가 닿으면 용해되는 제품에는 사용할 수 없다.
- **자비 소독 방법** : 100°C에서 10~30분 정도 충분히 끓여 소독한다. 이 소독법은 습도에 견딜 수 있는 제품에만 사용할 수 있다.

출처: NCS 애완동물미용 학습모듈 기자재관리

(4) 물림 방지 도구 소독

① 도구에 붙어있는 이물질을 확인하고 털어 낸다.

② 소독제를 이용해 도구를 소독한다.

- 천 소재로 된 물림 방지 도구는 세탁하거나 소독약에 담그는 소독을 한다.
- 플라스틱 재질로 된 물림 방지 도구는 소독제를 분무하거나 소독약에 담그는 소독을 한다.
- 소독이 완료된 물림 방지 도구는 물기를 닦아내고 건조시킨다.
- 소독기 이용이 가능한 물림 방지 도구는 소독기로 소독을 한다.

(5) 미용 도구의 소독 상태 점검

1) 위생 관리 점검표의 작성

한 달 단위로 미용 도구 점검 항목을 작성하여 매일 날짜별로 체크한다.

① 미용 도구의 개수와 종류가 많지 않으면 한 장의 점검표에 여러 가지의 도구와 물림 방지 도구를 같이 작성한다.

담당자 확인 후 상위 책임자 결제

[미용 도구 위생 관리 점검표]

결재	담당	실장	대표

〈　　　　월〉

점검 항목	1	2	3	4	5	6	7	8	9	10	11	12	13	14	15	16	17	18	19	20	21	22	23	24	25	26	27	28	29	30	31	비고
블런트 가위	•	•	•	•	•	•	•	•	•	•	•	•	•	•	•	•	•	•	•	•	•	•	•	•	•	•	•	•	•	•	•	
씨닝 가위	•	•	•	△	•	•	•	•	•	•	•	•	•	•	•	•	•	•	•	•	•	•	•	•	•	•	•	•	•	•	•	
커브 가위	•	•	•	•	•	•	•	•	•	•	•	•	•	•	•	•	•	•	•	•	•	•	•	•	•	•	•	•	•	•	•	
무선 클리퍼	•	•	•	•	•	•	•	•	•	•	•	•	•	•	•	•	•	•	•	•	•	•	•	•	•	△	•	•	•	•	•	
유선 클리퍼	•	•	•	•	•	•	•	•	•	•	•	•	•	•	•	•	•	•	•	•	•	•	•	•	•	•	•	•	•	•	•	
클리퍼날 40	•	•	•	•	•	•	•	•	•	•	V	•	•	•	•	•	•	•	•	•	•	•	•	•	•	•	•	•	•	•	•	
클리퍼날 30	•	•	•	•	•	•	•	•	•	•	•	•	•	•	•	•	•	•	•	•	•	•	•	•	•	•	•	•	•	•	•	
클리퍼날 7F	•	•	•	•	•	•	•	•	•	•	•	•	•	•	•	•	•	•	•	•	•	•	•	•	•	•	•	•	•	•	•	
클리퍼날 5F	•	•	•	•	•	•	•	•	•	•	•	•	•	•	•	•	•	•	•	•	•	•	•	•	•	•	•	•	•	•	•	
클리퍼날 4F	•	•	•	•	•	•	•	•	•	•	•	•	•	•	•	•	•	•	•	•	•	•	•	•	•	•	•	•	•	•	•	
클리퍼콤	•	•	•	•	•	•	•	•	•	•	•	•	•	•	•	•	•	•	•	•	•	•	•	•	•	•	•	•	•	•	•	
브리슬브러시	•	•	•	•	•	•	•	•	•	•	•	•	•	•	•	•	•	•	•	•	•	•	•	V	•	•	•	•	•	•	•	
핀브러시	•	•	•	•	•	•	•	•	•	•	•	•	•	•	•	•	•	•	•	•	•	•	•	•	•	•	•	•	•	•	•	
슬리커 브러시	•	•	•	•	•	•	•	•	•	•	•	•	•	•	•	•	•	•	•	•	•	•	•	•	•	•	•	•	•	•	•	
일자 빗	•	•	•	•	•	•	•	•	•	•	•	•	•	•	•	•	•	•	V	•	•	•	•	•	•	•	•	•	•	•	•	
발톱갈이	•	•	•	•	•	•	•	•	•	•	•	•	•	•	•	•	•	•	•	•	•	•	•	•	•	•	•	•	•	•	•	
발톱깍이	•	•	•	•	•	•	•	•	•	•	•	•	•	•	•	•	•	•	•	•	•	•	•	•	•	•	•	•	•	•	•	
나이프(코스)	•	•	•	•	•	•	•	•	•	•	•	•	•	•	•	•	•	•	•	•	•	•	•	•	•	•	•	•	•	•	•	
나이프(미디엄)	•	•	•	•	•	•	•	•	•	•	•	•	•	•	•	•	•	•	•	•	•	•	•	•	•	•	•	•	•	•	•	
나이프(파인)	•	•	•	•	•	•	•	•	•	•	•	•	•	•	•	•	•	•	•	•	•	•	•	•	•	•	•	•	•	•	•	
코르킹	•	•	•	•	•	•	•	•	•	•	•	•	•	•	•	•	•	•	•	•	•	•	•	•	•	•	•	•	•	•	•	
겸자(유구곡선)	•	•	•	•	•	•	•	•	•	•	•	•	•	•	•	•	•	•	•	•	•	•	•	•	•	•	•	•	•	•	•	
겸자(무구직선)	•	•	•	•	•	•	•	•	•	•	•	•	•	•	•	•	•	•	•	•	•	•	•	•	•	•	•	•	•	•	•	
E – 칼라	•	•	•	•	•	•	•	•	•	•	•	•	•	•	•	•	•	•	•	•	•	•	•	•	•	•	•	•	•	•	•	
입마개	•	•	•	•	•	•	•	•	•	•	•	•	•	•	•	•	•	•	•	•	•	•	•	•	•	•	•	•	•	•	•	
	•	•	•	•	•	•	•	•	•	•	•	•	•	•	•	•	•	•	•	•	•	•	•	•	•	•	•	•	•	•	•	
	•	•	•	•	•	•	•	•	•	•	•	•	•	•	•	•	•	•	•	•	•	•	•	•	•	•	•	•	•	•	•	
	•	•	•	•	•	•	•	•	•	•	•	•	•	•	•	•	•	•	•	•	•	•	•	•	•	•	•	•	•	•	•	

●: 이상 없음, V: 특이 사항 있음(첨부된 별지 확인), △: 다음 작업 시 재점검 필요

표기 방법 확인 후 상태 체크하고 특이 사항은 별지에 작성

미용 도구의 위생 관리 점검표의 예시

출처: NCS 애완동물미용 학습모듈 기자재관리

② 미용 도구의 개수와 종류가 많으면 도구 종류를 분리하고 작성한다.

- 종류별 가위에 번호를 붙여서 작성한다.
- 종류별 클리퍼에 번호를 붙여서 작성한다.
- 종류별 클리퍼 날에 번호를 붙여서 작성한다.
- 종류별 빗에 번호를 붙여서 작성한다.
- 그 밖에 미용 도구들은 번호를 붙여서 작성한다.
- 물림 방지 도구에 번호를 붙여서 작성한다.

③ 위생 관리 점검표를 확인하고 소독 상태를 점검한다.

④ 소독이 제대로 되지 못한 도구는 확인 후 다시 소독한다.

⑤ 소독하는 중에 도구의 파손이나 부식 등을 발견하면 별지에 작성자와 특이 사항 내용을 기록한다.

사용하는 미용 도구의 개수가 많은 경우
도구 종류별로 나누어 위생 관리 점검표를 작성

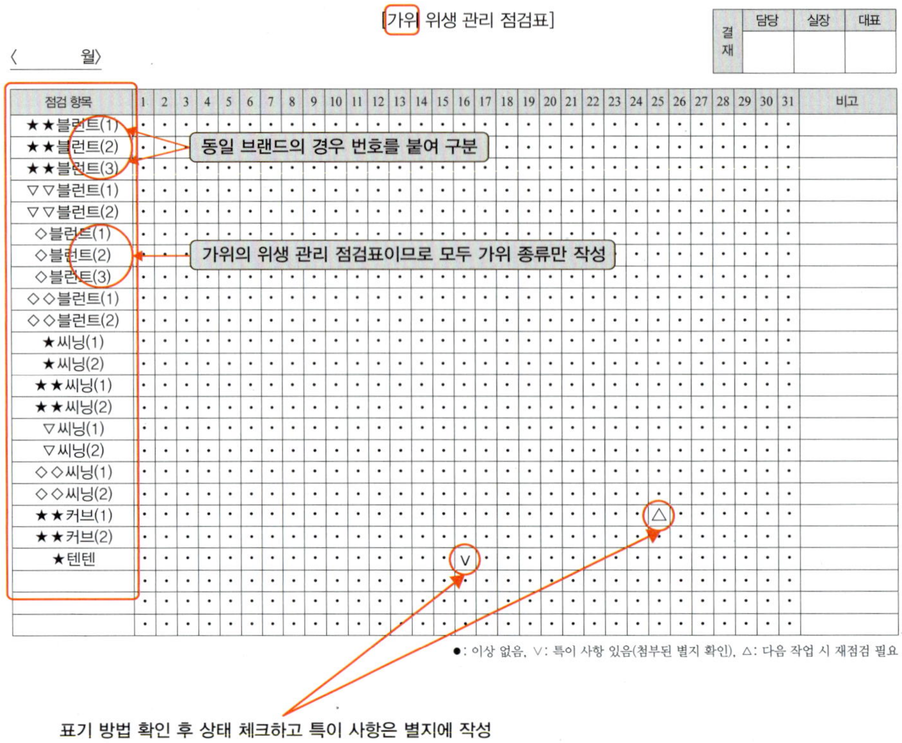

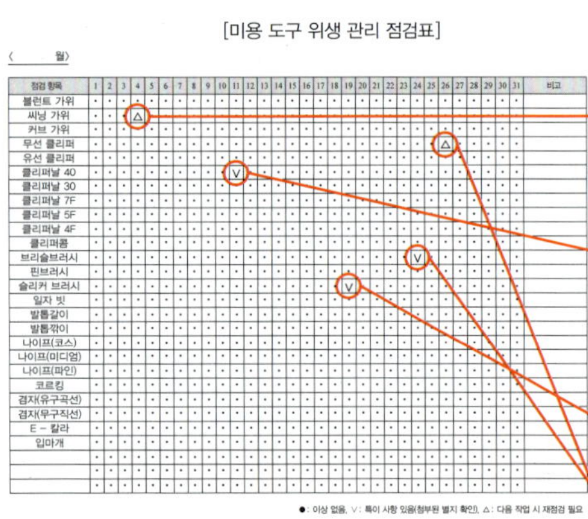

미용 도구 위생 관리 점검표의 특이 사항을
별지에 기록하여 관리(특이 사항을 기록하여 처리
내용에 대해 작성)

날짜	특이사항	작성자
1		
2		
3		
4	씨닝가위 재점검 필요	강미용
5	씨닝가위 재점검 : 이상없음, 입마개 파손 : 새제품으로 교체함	강미용
6		
7		
8		
9		
10		
11	유선클리퍼 전선 접촉불량 : 수리요청 8월20일 수리완료 예정	강미용
12		
13		
14		
15		
16		
17		
18		
19	슬리커 브러시 흰부분 파손 : 새 제품으로 교체함	강미용
20		
21		
22		
23		
24	클리퍼날 4F 점식률 저하 : 연마요청 8월 30일 완료예정	강미용
25		
26	무선클리퍼 점검필요 : 충전 후 내일 작업 전 재점검	강미용
27	무선클리퍼 재점검 : 상태양호	강미용
28		
29		
30		
31		
비고	8월 20일 : 유선클리퍼 수리완료 8월 30일 : 클리퍼날 연마완료	강미용

도구별 위생 관리 점검표의 특이 사항 서식의 예시

2. 미용 도구의 성능 점검과 보관

1. 가위

(1) 성능 점검

① 가위의 맞물림 상태를 점검한다.
② 가위의 나사 조임 상태를 점검한다.
③ 가위가 부식된 부분은 없는지 점검한다.

Check point

■ 가위 성능 점검 시 유의 사항
- 가위 성능의 점검 시 헛 가위질을 허공에 하는 것은 가위의 수명을 단축시킨다.
- 털을 커트하는 용도로만 가위를 사용한다. 특히 펄프 종류를 자르는 경우 가윗날이 무뎌지므로 가위로 종이나 휴지 등을 자르지 않아야 한다.

(2) 관리

처음 사용하는 가위에 적응하는 기간은 대략 3주에서 8주 정도가 필요하다. 이 기간 동안 올바르게 관리 사용해야 가위의 수명이 길어진다. 따라서 이때에는 기존의 가위질보다는 좀 더 부드럽고 가볍게 사용하는 것이 좋다.

① 볼트의 조절

가위 사용 시 볼트가 필요 이상으로 꽉 조여 있거나 너무 느슨하게 되어있으면 손잡이를 엄지손가락으로 밀면서 커트하게 되므로 두 개 중 한쪽의 가윗날만 마모되어 가위의 수명이 단축되는 원인이 된다. 볼트 조절은 개인마다 차이가 있으므로, 작업자가 힘을 가하지 않고 가위를 상하로 개폐할 때 너무 무겁게 느껴지거나 가볍지 않은 정도가 적당하다.

② 유지

가위 유지에서 가장 중요한 부분은 예리함을 유지하고 마모를 줄이는 것이다. 예리함을 길게 유지하기 위해서는 길들이기 과정을 알맞게 해야 하며 억세고 굵은 털은 조금씩만 잡아서 가볍게 커트하도록 한다.

③ 관리

가위의 관리 순서는 다음과 같다.

- 가위에 붙은 이물질과 털을 털어 낸다.

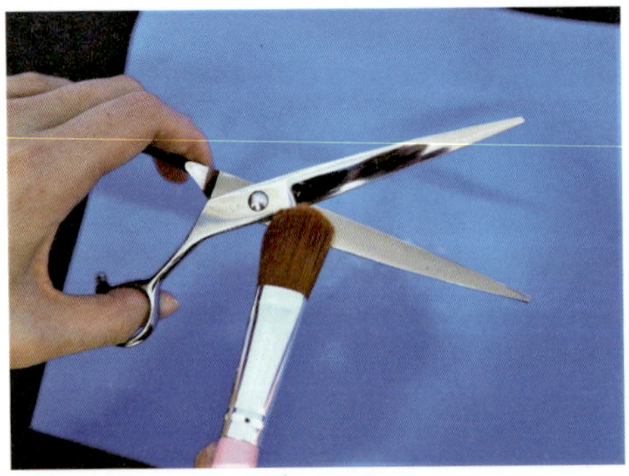

이물질 털어 내기

- 소독제를 뿌려 준다.

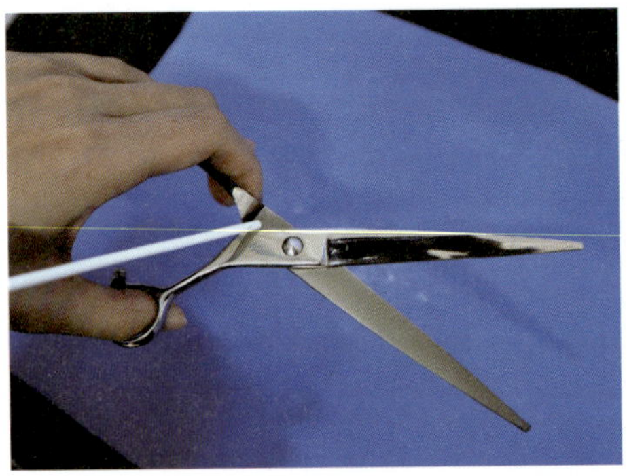

소독제 분사

- 소독제를 닦아 낸다.

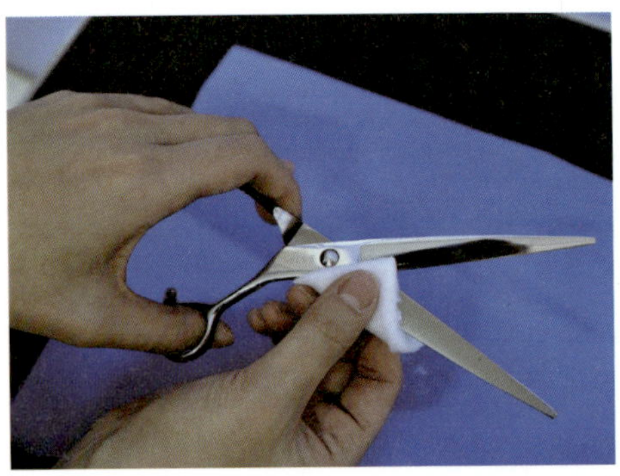

소독제 닦기

• 보관용 오일을 도포한다.

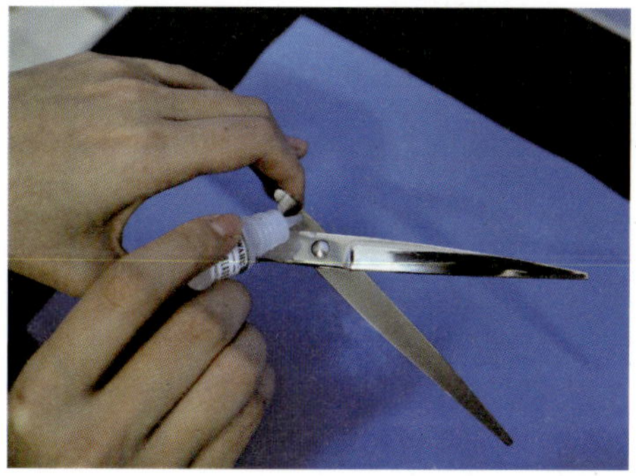

오일 도포

가위를 사용하고 난 직후와 사용 전에는 윤활제를 뿌려 놓도록 하고, 이물질을 제거한 후 부드러운 천이나 전용 가죽으로 날의 바닥 면을 날 손잡이 쪽에서 날 끝으로 밀어주듯 닦아주는 것이 가윗날의 손상을 막고, 더 오랫동안 유지할 수 있다. 이때 왕복해서 가윗날을 닦으면 날이 쉽게 손상될 수 있다.

④ 날의 연마

가윗날이 마모되었거나 외부 충격을 받아 수리를 해야 한다면, 가위의 손상을 최대한 줄일 수 있도록 전문가에게 의뢰하거나 A/S를 빠른 시일 내에 요청해야 한다.

⑤ 보관

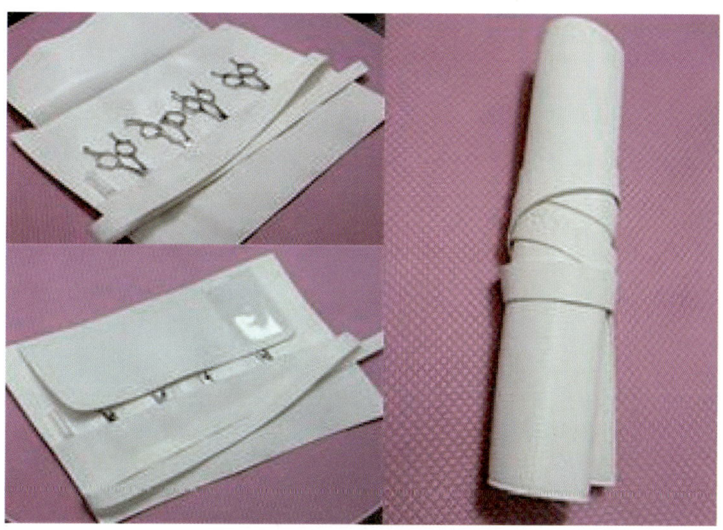

가위집 보관

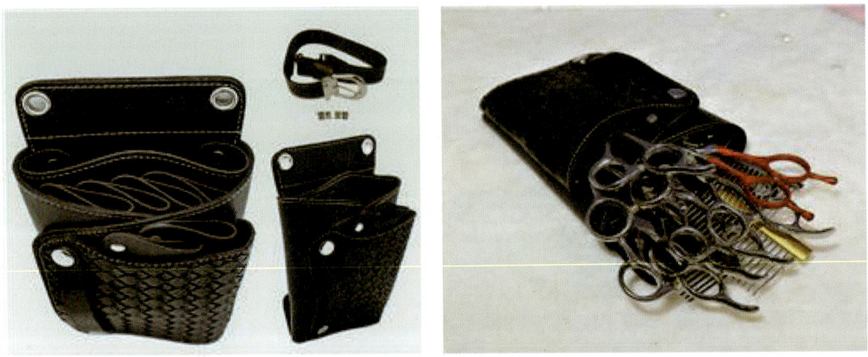

벨트형 가위집

• 닫힌 상태로 보관

가위 보관 시에 가장 중요한 것은 가윗날을 항상 닫힌 상태로 보관을 해야 하는 것이다. 가위가 벌어진 상태로 보관을 하면 안전사고가 발생할 위험이 더 높고, 외부 충격이 발생했을 때 가위가 닫힌 상태보다 가윗날의 손상이 더 크다.

• 닦아서 보관

가위를 사용한 후에는 항상 날을 잘 닦아서 보관하여 가윗날에 미세한 상처가 생기지 않도록 해야 한다. 반려동물 한 마리의 미용이 끝날 때마다 가볍게 닦아 주도록 한다. 일과를 마친 후에는 이물질을 깨끗이 닦고 가위의 각 부위마다 윤활제를 충분히 도포하여 보관한다.

2. 클리퍼와 클리퍼 날

(1) 성능 점검

① 클리퍼의 진동과 소리의 상태를 점검한다.
② 클리퍼의 날의 상태를 점검한다.
③ 클리퍼가 부식된 부분은 없는지 점검한다.

(2) 관리

① 사용 전 관리

클리퍼를 새로 구입한 후 바로 반려동물의 털을 클리핑하지 말고 사용하기 전에 관리 작업을 미리 해 두어서 더 오래 사용할 수 있도록 한다. 충분히 기름칠 한 상태로 2~3분 정도 공회전을 충분히 한 후에 윤활제를 분사하여 클리퍼 날에 묻어있는 이물질을 제거한 후 사용한다.

② 유지

클리퍼의 모터와 클리퍼의 날은 클리퍼의 성능과 중요한 연관이 있다. 클리퍼 날을 항상 청결하게 유지해야 하며, 보관 시에는 윤활제를 주입해야 한다. 유분이 많은 동물의 털과 이물질들이 끼어있으므로 사용한 후에 청소하지 않으면 클리퍼 날에 묻은 이물질로 인한 모터의 성능이 저하되고 날의 수명이 짧아진다.

③ 관리

클리퍼 날은 습기에 약하며 수분이 묻으면 부식된다. 반려동물의 미용 작업 중이나 소독 시에 물기가 묻게 되는 경우엔 반드시 건조시킨 후 사용하고 보관한다. 또, 윤활제는 사용 전후에 분사해 주는 것이 좋으며, 기름이 날에 묻은 상태 그대로 클리핑을 하면 반려동물의 털이 날에 달라붙고 뭉쳐져서 클리핑이 잘 되지 않고 소독과 세척이 어려워지므로 기름을 뿌리고 난 후에는 휴지나 마른 수건으로 윤활제를 제거한 후 사용한다.

클리퍼 날을 관리하는 순서는 다음과 같다.

- **클리퍼 날에 붙은 이물질과 털을 털어 낸다.**

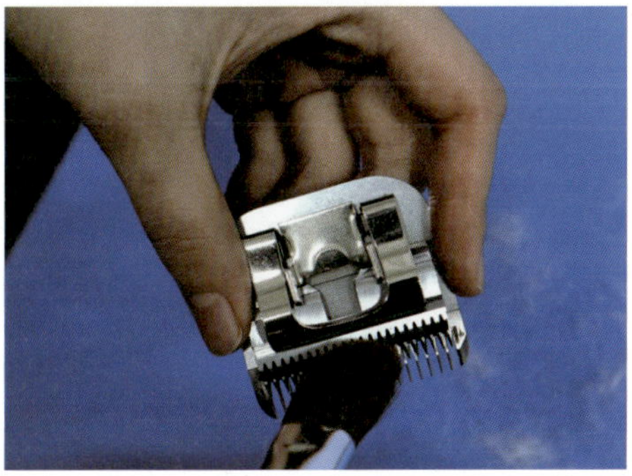

이물질 털어 내기

- **소독제를 뿌려 준다.**

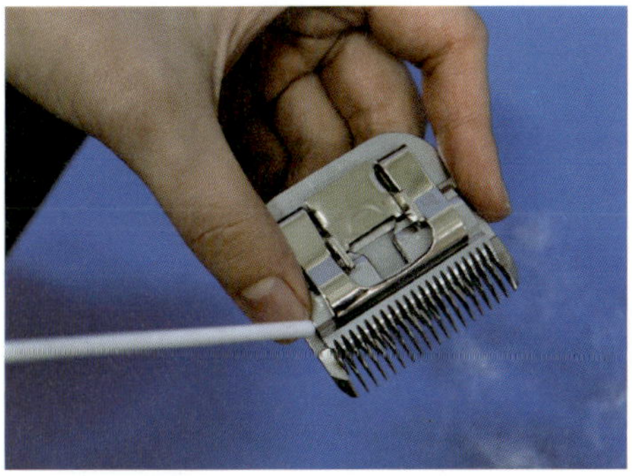

소독제 분사

• 소독제를 닦아 낸다.

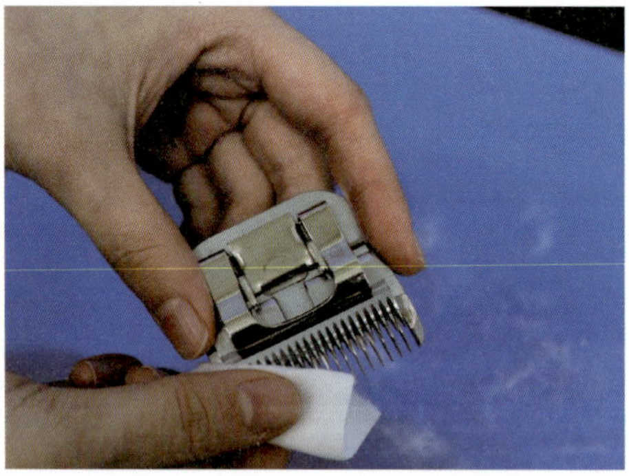

소독제 닦기

• 보관용 오일을 도포한다.

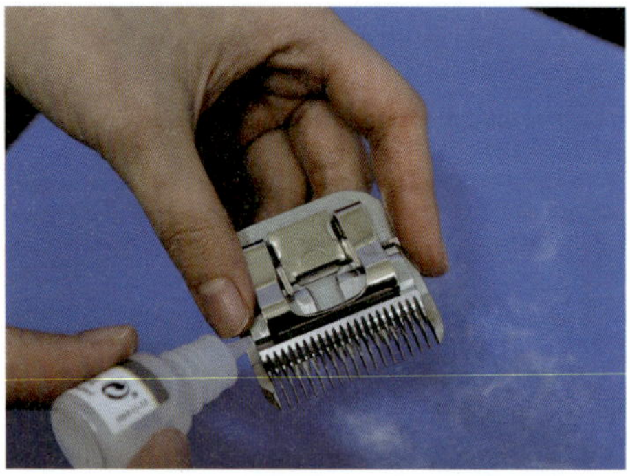

오일 도포

④ 날의 연마

전문가에게 의뢰하여 클리퍼 날을 연마하여 관리를 잘하면 클리퍼 날을 오래도록 사용할 수 있다.

⑤ 보관

클리퍼 날은 청소 후 윤활제를 도포하여 건조한 곳에 보관한다.

클리퍼 날 보관통

3. 빗

(1) 성능 점검

① 핀 브러시의 핀 부위 상태를 점검한다.
② 콤의 간격 상태를 점검한다.
③ 브리슬 브러시의 털 부위 상태를 점검한다.
④ 오발빗과 꼬리빗의 손상 여부를 점검한다.

(2) 관리

① 핀 브러시

- 핀 브러시에 붙은 털과 유기물을 완전히 제거한다.
- 핀 브러시의 패드 부분에 있는 작은 구멍에 물이 들어가지 않도록 브러시를 뒤집어 잡고 남은 유기물은 비눗물로 씻은 후 헹군다.
- 물기를 털어 내고 너무 뜨거운 바람은 패드 부분에 손상을 주므로 뜨겁지 않은 바람으로 말려 준다.
- 직사광선, 오일, 제습기나 공기 청정기는 패드 부분에 손상을 줄 수 있으므로 가급적 피한다.

② 슬리커 브러시

- 콤이나 손가락을 이용하여 슬리커 브러시의 털을 제거한다.
- 브러시의 패드 부분에 물이 들어가지 않도록 뒤집어 유기물을 비눗물로 세척한 후 헹군다.
- 브러시의 물기를 털어 내고 뜨겁지 않은 바람으로 말려 준다.
- 슬리커 브러시는 완전히 건조시켜 보관한다.

③ 브리슬 브러시

- 브러시에 붙은 털을 손으로 털어 낸다.
- 파우더가 묻었으면 손을 부드럽게 털어 내고, 오일이 묻었으면 마른 수건으로 가볍게 닦아 낸다.
- 브러시를 뒤집은 상태로 물에 적셔 남은 오일과 파우더를 전용 세정제를 사용하여 충분히 닦아 낸 후 직사광선을 피하여 건조시켜 보관한다.

4. 물림방지 도구 및 그 밖의 도구

① 발톱깎이의 절삭 부위가 마모되거나 부식된 곳은 없는지 점검한다.
② 발톱갈이의 마찰 부위의 마모 상태를 확인하여 교체 시기를 체크한다.
③ 전동 발톱갈이의 경우는 마찰 부위와 함께 회전 상태를 체크한다.
④ 겸자의 맞물림 상태를 체크하고, 부식된 곳은 없는지 점검한다.
⑤ 밴딩 가위, 스트리핑 나이프, 코트킹의 손상 여부를 점검한다.
⑥ 도그 위그 견체를 점검하고 파손된 곳이 없는지 점검한다.
⑦ 입마개와 엘리자베스 칼라가 손상된 곳은 없는지 점검한다.

5. 미용 도구의 수리, 교체, 정리 정돈

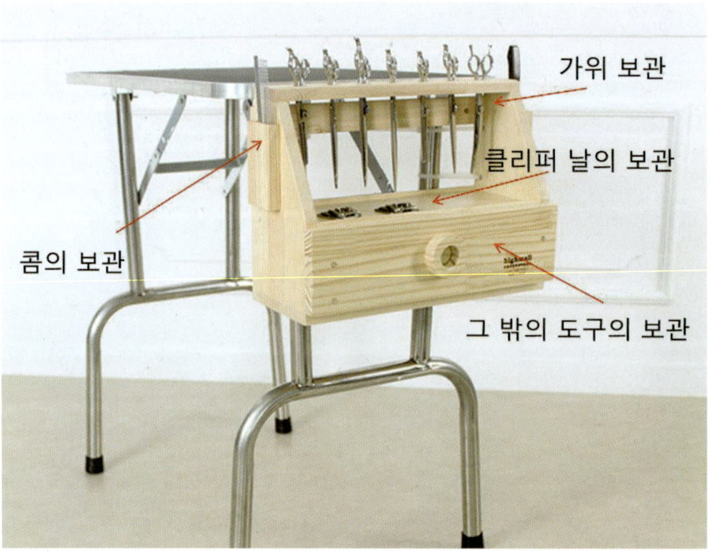

올바른 도구 보관의 예시

① 수리가 필요한 도구는 수리한 후 보관하도록 한다.
② 교체가 필요한 도구는 물품을 구매하도록 한다.
③ 온도가 너무 높지 않고 건조한 곳에 보관한다.
④ 도구가 부딪히거나 떨어질 위험이 없는 곳에 보관한다.
⑤ 재질이 쇠로 된 도구의 경우 녹이 슬지 않도록 보관하고, 부식 방지를 위하여 전용 윤활제를 뿌려 보관한다.
⑥ 날카로운 도구는 안전하게 보관한다.
⑦ 천으로 된 재질의 도구는 건조시켜 보관한다.

⑧ 유선 클리퍼는 전기선을 잘 정리하여 보관한다.

⑨ 무선 클리퍼는 충전한 후 보관한다.

⑩ 모든 도구는 손상과 파손에 주의하여 보관한다.

⑪ 도구 보관함을 이용하여 도구별로 정리하여 보관하는 것이 좋다.

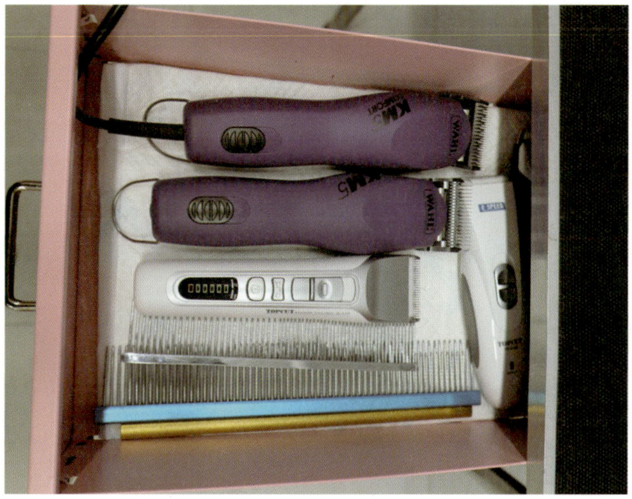

붙박이형 미용 테이블의 도구 보관의 예시

PART Ⅱ 기자재 관리

2. 미용 소모품 관리하기

학습내용(단원명)	수업 목표
미용 소모품의 종류 파악 및 상태 점검	• 미용 작업에 필요한 소모품의 종류를 파악하고 위생 상태를 점검할 수 있다. • 소모품의 허실 방지를 위해 정확한 사용 방법을 파악할 수 있다.
미용 소모품의 재고 관리	• 소모품 부족을 방지하기 위하여 점검표를 활용하여 정기적으로 재고를 파악할 수 있다. • 구매처 관리를 통해 소모품을 구매할 수 있다.

1. 미용 소모품의 종류 파악 및 상태 점검

1. 미용 소모품

(1) 기자재

① 소독제

작업자와 작업복, 미용 도구, 기자재, 작업장 등의 소독에 사용된다.

② 윤활제

미용 도구, 기자재 등에 도포하여 보관하는 데 사용되며 활용도에 따라 종류가 다양하다.

스프레이 윤활제

③ 냉각제

열이 발생하는 미용 도구의 냉각에 사용되며, 제품에 따라 도구를 부식시킬 수 있으므로 냉각제를 도포한 도구는 반드시 닦아서 보관한다.

냉각 소독제

(2) 고객 상담 물품

아로마 향의 방향제, 커피나 음료, 간식 등으로 고객에게 제공하는 소모품이다.

아로마 캔들

비누 꽃

(3) 목욕용품

① 샴푸, 린스, 모발 영양제

반려동물 개체의 pH에 맞추어 연구 · 개발되어 다양한 종류의 제품들이 시판되고 있다. 반려동물 미용사는 고객에게 의뢰받은 동물의 모질이나 모색, 모량 등 털의 상태를 파악하여 개체 특성에 맞는 제품을 선택해야 한다.

예를 들어 비숑프리제의 경우에는 동물의 종은 개이고 모색은 흰색이며 모질의 성격은 컬리코트의 장모이다. 전체 가위 컷이라면 여기에 맞도록 개전용으로 선택하고 백모용이며 볼륨 샴푸를 선택할 수 있어야 한다.

다양한 샴푸

다양한 린스

분사형 컨디셔너

샴푸 린스 세트

희석 용기

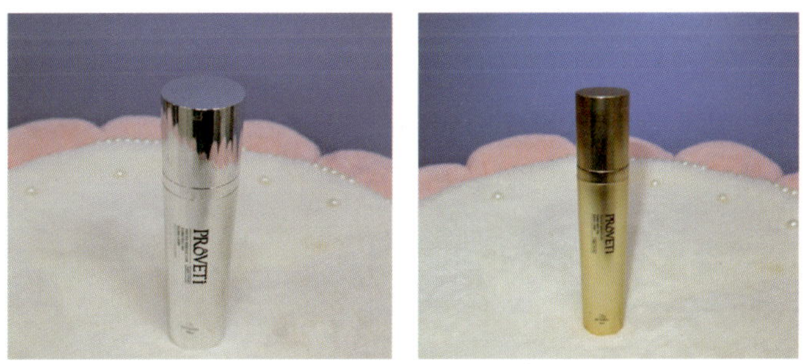

피모의 영양제

② 펫 타올

목욕 후 수분 제거를 한다.

펫 타올

③ 치약, 칫솔

반려동물의 구강 관리는 사람만큼 건강과 밀접한 관계에 있다. 반려동물은 치약을 뱉어낼 수 없으므로 양치 중이나 후에 삼켜도 유해하지 않는 성분으로 만들어졌으며, 뿌리거나 바르는 구강 관리 제품 등 종류가 다양하다.

칫솔 치약

구강 스프레이

(4) 기타 미용용품

① 지혈제

반려동물의 발톱 관리 시에 가벼운 출혈이 발생했을 때 지혈하는 용도로 사용된다. 기존의 가루 제형뿐만 아니라 소독과 지혈이 동시에 가능한 스프레이 타입의 제품도 시판되고 있다.

지혈제

② 이어 파우더

반려동물의 귓속 털을 뽑을 때 사용한다.

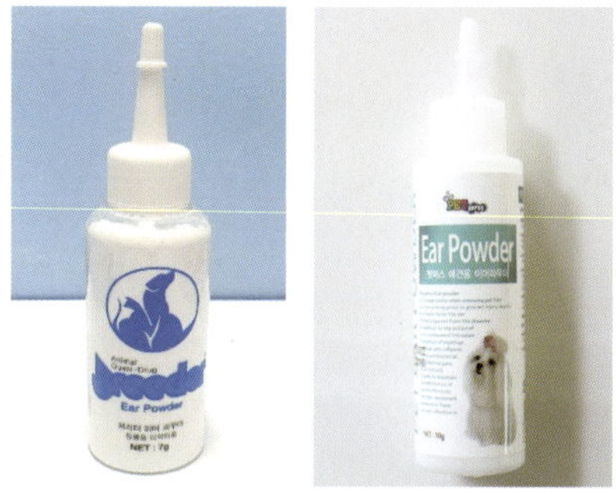

이어 파우더

③ 이어 클리너

반려동물의 귀를 세정하고 소독하는 데 사용한다.

이어 클리너

(5) 염색

① 염모제

반려동물의 털을 염색하는 데 사용되는 제품이며 지속성과 일회성 염색제가 있으며 두 개 이상의 색을 섞어서 새로운 색을 만들어 염색할 수도 있다.

지속성 염색제

일회성 염색제

② 컬러믹스

반려동물의 염색약과 섞어서 밝은 색을 표현할 수 있게 사용한다. 물감의 하얀색을 원색에 섞어서 사용하는 원리와 같다.

③ 컬러 페이스트, 컬러 초크, 컬러젤, 블로펜, 페인트펜

한두 번의 목욕으로 지워지기 때문에 반려동물의 털에 일시적으로 염색 효과를 낼 때 사용하는 제품들이다.

컬러 페이스트

컬러 초크

블로펜

페인트펜

④ 이염 방지제

반려동물의 염색 과정에서 원하지 않는 부분에 염색이 되는 것을 방지하기 위한 제품들이다.

이염 방지 크림

이염 방지 펠트지

이염 방지 테이프

⑤ 글리터, 글리터 젤

반짝거리는 장식용으로 사용하며, 화려하고 눈에 잘 띄게 하는 용도로 사용한다. 아트 미용 시 위그 털에 많이 활용한다.

글리터

글리터 젤

⑥ 알루미늄 포일, 일회용 장갑

알루미늄 포일은 지속성 염색제로 염색 작업을 할 때 사용한다.

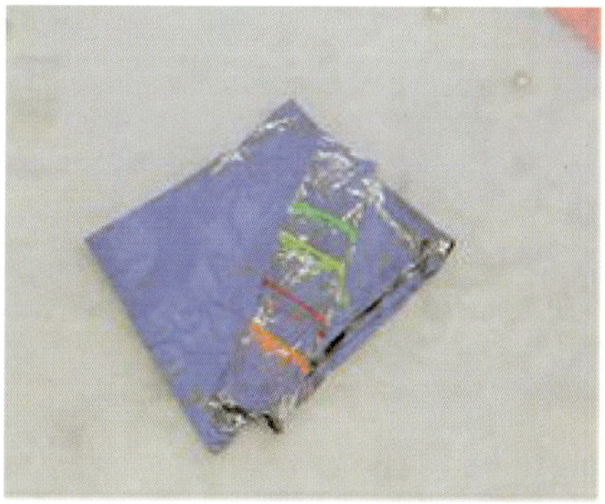

알루미늄 포일

일회용 장갑

(6) 장모 관리 용품

① 브러싱 스프레이

장모종의 반려견을 브러싱할 때 생기는 마찰로 모발의 손상을 덜어 주어 브러싱을 쉽게 하는 데 사용되는 제품이다.

브러싱 스프레이

② 워터리스 샴푸

물이 없이 오염을 제거하는 데 사용되며 액상과 파우더 형태가 있다. 사용 용도와 상황에 적절한 제품을 선택하여 사용한다.

워터리스 샴푸

③ 가위 커트용 스프레이

정전기를 막아주고 코트의 정리와 볼륨을 생성해 주어 시저링을 용이하게 도와주며, 영양분을 공급하여 모질의 손상을 막아 주는데 사용하는 제품이다.

시저링 스프레이

④ 컨디셔너 스프레이

엉킨 털을 쉽게 풀 수 있도록 도와주고 털의 엉킴을 방지하는데 사용하는 제품이다.

컨디셔너 스프레이

⑤ 래핑지

장모종 반려견의 털을 보호하기 위해 사용한다. 비닐로 된 것, 종이로 된 것 등 다양한 소재로 되어있다. 코트의 성질에 따라 소재나 두께를 선택하여 사용하고, 하얀 색깔의 털에 염색이 되는 저가의 제품은 주의하여 확인하고 사용해야 한다.

래핑지

⑥ 고무 밴드

반려동물의 털을 묶거나 래핑지를 고정시킬 때 사용한다. 사용 용도에 따라 밴드의 재질이나 크기가 매우 다양하므로 사용 용도에 알맞은 제품을 선택한다.

고무 밴드

(7) 쇼 도그 용품

① 헤어 스프레이

반려동물의 털을 풍성해 보이거나 높이 세우기 위하여 사용하며, 강한 고정력과 유연성이 있다.

헤어 스프레이

② 분말 초크

하얀 색깔 털의 반려동물을 더욱 하얗게 보이기 위해 사용한다.

분말 초크

(8) 위그

실제의 개를 대신하여 반려동물 미용 실습이나 연습을 할 때 사용하는 가짜 털이다. 모형 위그 견체에 씌워 사용할 수 있는데 한 마리의 개 모양으로 연습할 수 있는 전체 견체 위그와 다리 부위, 얼굴 모양 등 부분 연습이 가능한 부분 위그도 있다. 전체 견체 위그에는 펫 클립 모양의 연습을 할 수 있는 펫 클립용, 쇼 클립 모양의 연습을 할 수 있는 쇼 클립용, 장모종의 래핑 연습을 할 수 있는 래핑용 등이 있다.

① 펫 클립 연습용 위그

펫 클립 연습용

② 쇼 클립 연습용 위그

쇼 클립 연습용

③ 래핑 연습용 위그

래핑 연습용

④ 얼굴 커트 연습용 위그

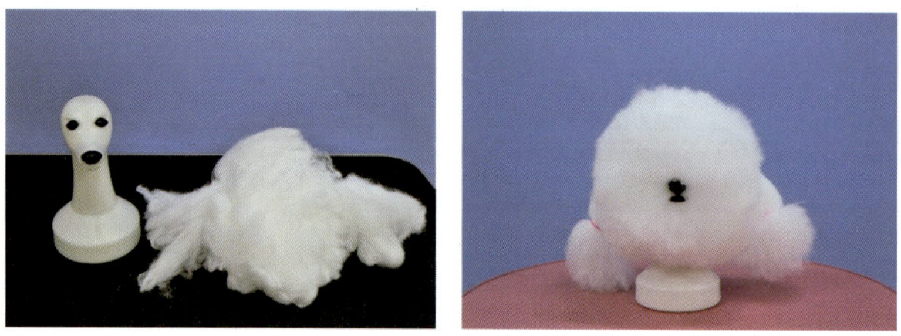

얼굴 연습용

⑤ 가위 커트 연습용 위그

가위 연습용

2. 미용 소모품 사용 방법 파악

(1) 제품 사용설명서를 확인한다.

① 제품 사용설명서 확인 방법

- 제품 외부에 포장이 있으면 표기가 되어있는 외부 포장재를 확인한다.

• 제품 사용설명서가 별지에 있으면 첨부된 제품 사용설명서를 확인한다.
• 제품 별지나 외부 포장이 없는 경우 제품 뒷면의 제품 사용설명서를 확인한다.

② 제품의 사용설명서에서 확인 가능한 내용

• 분량 및 원료
• 제형 및 성상
• 효과 및 효능
• 용량 및 용법
• 포장의 단위
• 유효기간 및 저장 방법
• 주의사항
• 제조지 및 원산지
• 수입 판매원(수입 제품)

제품의 사용설명서 예시

3. 미용 소모품 상태의 점검

(1) 소독제, 냉각제, 윤활제

소독제, 냉각제, 윤활제의 상태 점검을 한다.

① 액체 형태 제품의 내용물에 이물질이 있거나 변질이 되었는지 점검한다.

② 스프레이형의 제품은 분사 노즐의 상태를 분사해 보고 흔들어서 남아 있는 양을 점검한다.

(2) 아로마향 방향제

아로마향 방향제 상태의 점검을 한다.

① 액체 형태 제품의 용기가 깨진 곳이 없는지, 제품이 흘러서 변질이 되지 않았는지 확인하고 점검한다.

② 젤이나 고체 형태의 제품은 향기가 얼마나 남아 있는지 냄새를 맡아서 확인하고, 이물질이 붙어서 미관을 해치고 있지 않은지 확인 · 점검한다.

(3) 샴푸, 린스, 컨디셔너

샴푸와 린스, 컨디셔너의 유통기한 확인을 하고 용기가 깨지거나 변형되지 않았는지, 내용물이 변질되지 않았는지 확인 · 점검한다.

(4) 이어 파우더, 이어 클리너, 지혈제

이어 파우더, 이어 클리너, 지혈제의 상태를 점검한다.

① 이어 파우더는 반려동물에게 닿는 제품 용기 부분에 이물질이 있거나 오염되지 않았는지 점검한다.

② 이어 클리너는 반려동물에게 닿는 제품 용기 부분에 이물질이 있거나 오염되지 않았는지 점검한다.

③ 지혈제는 제품이 변질되었거나 굳어 있지 않은지 점검한다.

(5) 염색용 소모품

염색용 소모품의 제품 상태를 점검한다.

① 염색제, 컬러페이스트, 컬러젤은 이물질이 들어가서 변색되지 않았는지 점검한다.

② 컬러초크, 페인트펜, 블로펜 등은 손상 또는 파손된 부분이 없는지 점검한다.

③ 염모제 분사 도구는 분사하는 부분의 노즐의 막힘이 없는지 확인 점검한다.

(6) 장모 관리용 소모품

장모 관리에 필요한 소모품 상태를 점검한다.

① 래핑지는 오염되거나 찢어진 곳이 없는지 점검한다.

② 고무밴드는 부식되어 있어 끊어지지는 않았는지 점검한다.

(7) 쇼 미용 관리 용품

쇼 미용 관리 용품을 점검한다.

① 초크와 파우더는 뭉침, 변질, 깨짐 등을 점검한다.

② 헤어스프레이의 노즐에 이상이 없는지 분사해 확인해 본다.

(8) 위그

위그 상태를 점검하고 사용 방법에 따라 견체에 위그를 장착한다.

① 위그와 위그의 견체를 준비한다.

위그와 견체 모형

② 위그 견체 다리를 모두 하늘로 향하게 올린다.

견체 준비

③ 위그 견체 앞다리를 수평으로 내리고 위그 털을 먼저 머리에 끼운다.

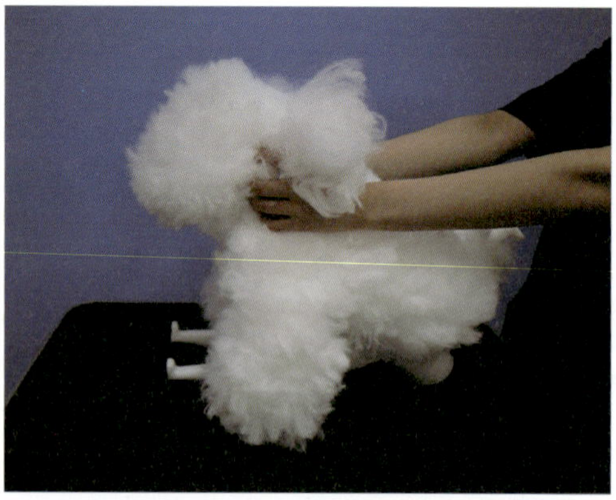

머리 입히기

④ 위그 견체의 앞다리를 다시 하늘로 향하게 올리고 위그 털 한쪽씩 앞다리를 입힌다.

앞다리 입히기

⑤ 뒷다리도 앞다리와 같이 한쪽씩 입힌다.

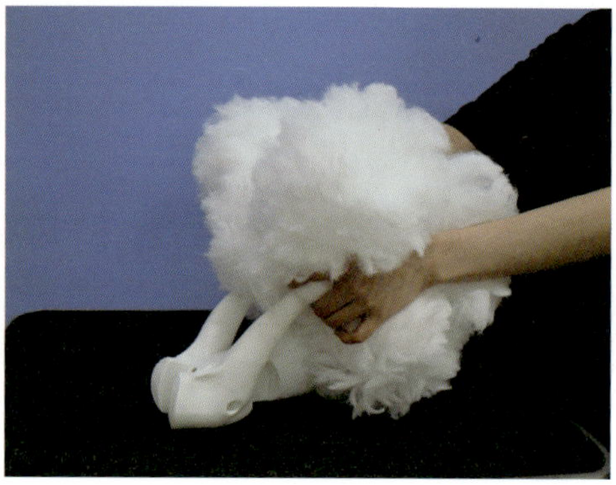

뒷다리 입히기

⑥ 한쪽 앞다리부터 차례로 아래로 향하게 내려준다.

앞다리 내리기

⑦ 양쪽 앞다리를 다 내려주면 뒷다리도 차례로 내려준다.

뒷다리 내리기

⑧ 배 안쪽에 있는 벨크로 양쪽을 서로 당겨서 붙인다.

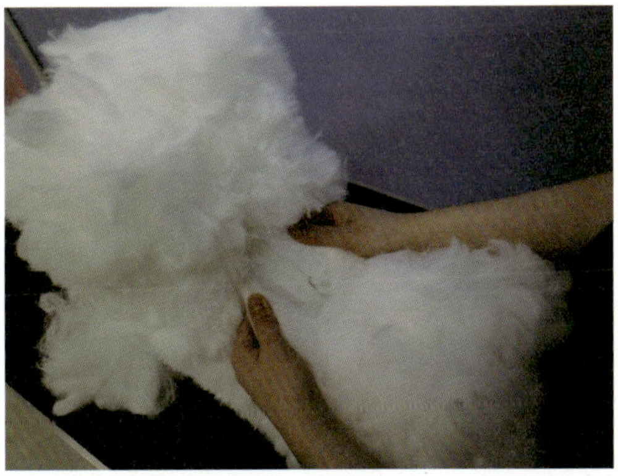

벨크로 붙이기

⑨ 귀를 양손으로 잡고 봉재선과 귀 위치를 확인하고 잡아준다.

귀 위치 확인

⑩ 꼬리빗으로 눈과 코가 들어가는 위치에 구멍을 낸다.

눈, 코 위치 확인

⑪ 알맞은 위치에 눈과 코를 끼운다.

눈, 코 꽂기

⑫ 꼬리 위치를 찾아서 꼬리빗으로 구멍을 낸다.

꼬리 위치 확인

⑬ 구멍을 낸 위치에 꼬리를 꽂아 준다.

꼬리 꽂기

⑭ 견체에 위그 털이 잘 장착되었는지 상태를 점검한다.

- 눈과 코의 분실 여부를 확인한다.
- 꼬리의 분실 여부를 확인한다.
- 벨크로의 파손 여부를 확인한다.

정면 장착 확인

측면 장착 확인

⑭-1 슬리커 브러시로 위그를 브러싱 해준다.

- 위그 견체를 브러싱 하여 털의 상태를 확인한다.
- 브러싱 하여 뭉침과 끊어짐을 확인한다.

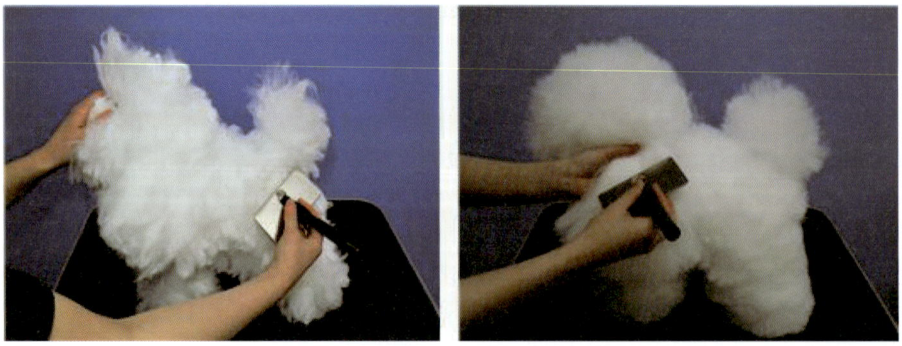

위그 브러싱

4. 유통기한 경과, 제품 파손, 변질된 소모품 폐기

① 유통기한 경과나 제품에 변질 또는 파손이 있는 소모품은 폐기한다. 폐기 처분하는 소모품은 매뉴얼을 확인, 숙지하고 처리한다.

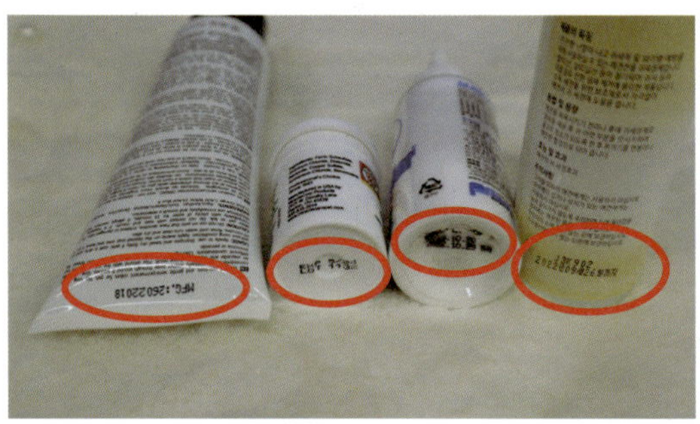

유통기한 표기의 예시

유통기한을 제품 사용설명서에서 확인한다. 유통기한의 표기 위치는 제조사의 제품 포장 특성이나 표기 방법 등에 따라서 다를 수 있다.

2. 미용 소모품의 재고 관리

1. 소모품 재고 관리대장 작성

① 소모품 재고의 관리대장을 작성한다.

소모품 재고 관리를 하기 위해 소모품 입출고의 내역을 기록하는 소모품의 재고 관리 대장의 양식을 작성한다.

- 날짜별로 입고된 내용과 출고된 내용을 정리한다.
- 전체의 소모품 종류가 적으면 한 장으로 정리해서 관리하고, 소모품 종류가 많으면 여러 장으로 나누어 제품별로 정리해서 관리한다.
- 입고와 출고가 실행 되는 즉시 내용을 정리한다.
- 소모품을 사용하거나 소모품을 주문한 사람 이름은 정확히 기재한다.

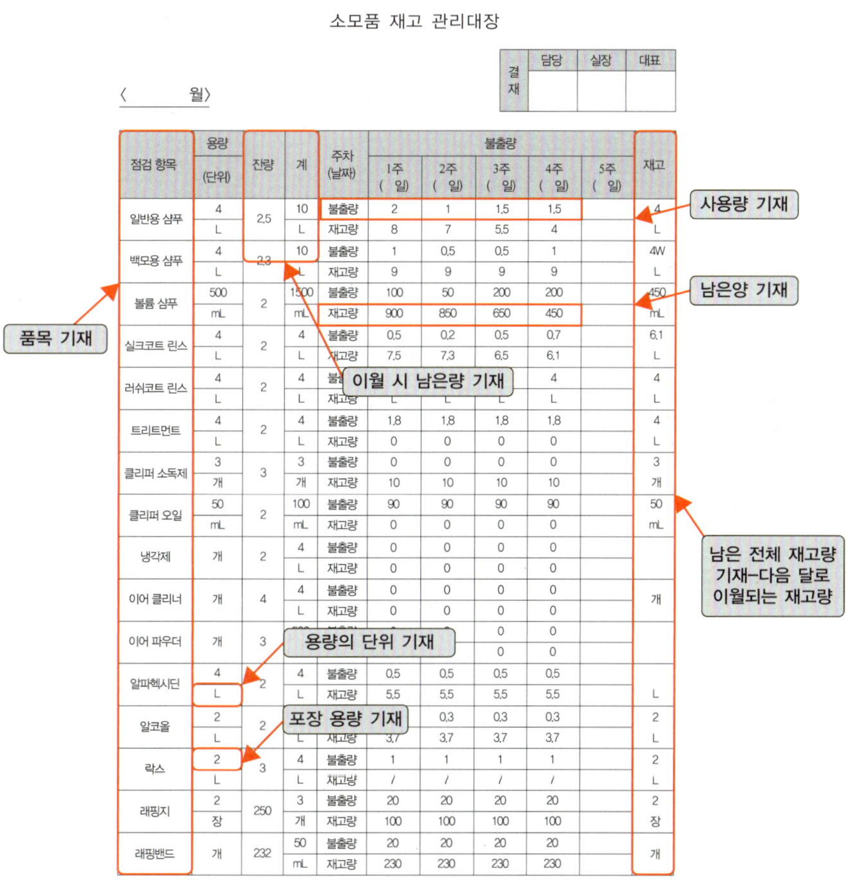

소모품 재고 관리대장

〈 월〉

결재	담당	실장	대표

점검 항목	용량 (단위)	진량	계	주차 (날짜)	1주 (일)	2주 (일)	3주 (일)	4주 (일)	5주 (일)	재고
일반용 샴푸	4	2.5	10	불출량	2	1	1.5	1.5		4
	L		L	재고량	8	7	5.5	4		L
백모용 샴푸	4	2.3	10	불출량	1	0.5	0.5	1		4W
	L		L	재고량	9	9	9	9		L
볼륨 샴푸	500	2	1500	불출량	100	50	200	200		450
	mL		mL	재고량	900	850	650	450		mL
실크코트 린스	4	2	4	불출량	0.5	0.2	0.5	0.7		6.1
	L		L	재고량	7.5	7.3	6.5	6.1		L
러쉬코트 린스	4	2	4					4		4
	L		L	재고량	L	L	L	L		L
트리트먼트	4	2	4	불출량	1.8	1.8	1.8	1.8		4
	L		L	재고량	0	0	0	0		L
클리퍼 소독제	3	3	3	불출량	0	0	0	0		3
	개		개	재고량	10	10	10	10		개
클리퍼 오일	50	2	100	불출량	90	90	90	90		50
	mL		mL	재고량	0	0	0	0		mL
냉각제	개	2	4	불출량	0	0	0	0		
			L	재고량	0	0	0	0		
이어 클리너	개	4	4	불출량	0	0	0	0		개
			L	재고량	0	0	0	0		
이어 파우더	개	3					0	0		
							0	0		
알파헥시딘	4	2	4	불출량	0.5	0.5	0.5	0.5		
	L		L	재고량	5.5	5.5	5.5	5.5		L
알코올	2	2				0.3	0.3	0.3		2
	L		L	재고량	3.7	3.7	3.7	3.7		L
락스	2	3	4	불출량	1	1	1	1		2
	L		L	재고량	/	/	/	/		L
래핑지	2	250	3	불출량	20	20	20	20		2
	장		개	재고량	100	100	100	100		장
래핑밴드	개	232	50	불출량	20	20	20	20		개
			mL	재고량	230	230	230	230		

소모품의 재고 관리대장의 예시

출처: NCS 애완동물미용 학습모듈 기자재관리

소모품 주문의 내용과 납품을 받은 물품의 품목 수량에 오류가 발생했을 경우, 주문자 이름의 명확한 기재가 문제 상황 처리에 도움이 된다.

소모품의 재고 관리대장(품목별 관리)

단위 및 용량 기재

결재	담당	실장	대표

〈　　　월〉

사용량 기재

품목명 기재

품명	단위	비교
일반용	mL	1EA 4L 포장 단위임

남은 양 기재

구입량 기재

날짜	구입량	사용량	보유량
	(이월)		
1		0.5	20L
2		0.5	19.5
3		0.5	19
4		0.5	18.5
5	4L	1	18
6		1	21
7		1	20
8		1	19
9		0.5	18
10		2	17.5
11		1.5	15.5
12		0.5	14
13		0.5	13.5
14	8L	1	13
15		1	20
16		1	19
17		1	18
18		1	17
19		2	16
20		2	14
21		0.5	12
22		1.5	11.5
23		1	10
24	12L	2	9
25		1	19
26		1	18
27		1	17
28		0.5	16.5
29		0.5	16
30		0.5	15.5
31		1	14.5
		계	13

다음 달로 이월되는 재고량 기재

출처: NCS 애완동물미용 학습모듈 기자재관리

② 소모품의 종류를 파악한다.

③ 소모품의 품목 재고 관리대장을 기록한다.

④ 소모품의 용량, 단위 등을 확인하고 재고 관리대장을 기록한다.

2. 소모품의 재고 파악

소모품 재고를 파악하고 양식에 기록한다.

① 액체 형태의 제품들은 용량을 확인한다.

② 분말 형태의 제품들은 무게로 용량을 확인한다.

③ 박스 포장된 제품들은 내용물의 총 수량을 파악한다.

3. 소모품의 재고 변동 시 기재

미용 소모품의 재고가 변동하는 사항이 생길 경우 이를 확인하고 기록한다.

① 매일 업무 종료 시 소모품의 사용량 확인을 하고 재고 관리대장에 정리하여 기록한다.

② 제품 입고 시 수량을 확인하고 재고 관리대장을 정리하여 기록한다.

4. 소모품의 구매 요구량 파악

① 일별, 주별, 월별의 소모품 평균 사용량을 체크한다.

반려동물 미용 의뢰를 하는 고객 수가 매일, 매주, 매년 다르다. 보통의 경우 겨울보다는 여름에 이용고객이 많은 편이고, 주말이 평일보다 반려동물 미용 의뢰가 더 많은 경우가 있다. 요일이나 계절에 따라 미용 작업 분량에 차이가 있다면 이를 고려해서 소모품의 사용량을 체크한다.

② 소모품의 보유량과 앞으로의 예상 사용량을 비교한다.

현재 보유량과 소모품의 예상 사용량 비교를 하면 구매량을 결정할 수 있다. 현재 보유하고 있는 소모품의 정확한 재고 파악을 하고 예상하는 사용량의 분석이 되어 있어야 한다.

③ 구매해야 하는 소모품 수량을 결정한다.

반려동물 미용을 하는 도중에 소모품이 떨어지면 미용 작업에 큰 차질이 있을 수 밖에 없다. 사용량을 예측하여 소모품을 준비했다 하더라도 예상치 못한 상황이 생길 수 있으므로 예상한 사용량에 딱 맞추어 재고량을 보유하기보다 조금의 여유분을 구비해 놓는 것이 바람직하다.

5. 필요한 소모품을 구매

① 거래처(구매처) 관리대장과 거래처(구매처) 관리 카드를 작성한다.

할인율(구매하는 개수 별 할인율, 특정 기간의 할인율, 사은품 지급의 방식), 납품의 방법(택배, 직접 배달, 방문 구입), 취급하는 품목 등을 기재한다.

거래처 관리대장

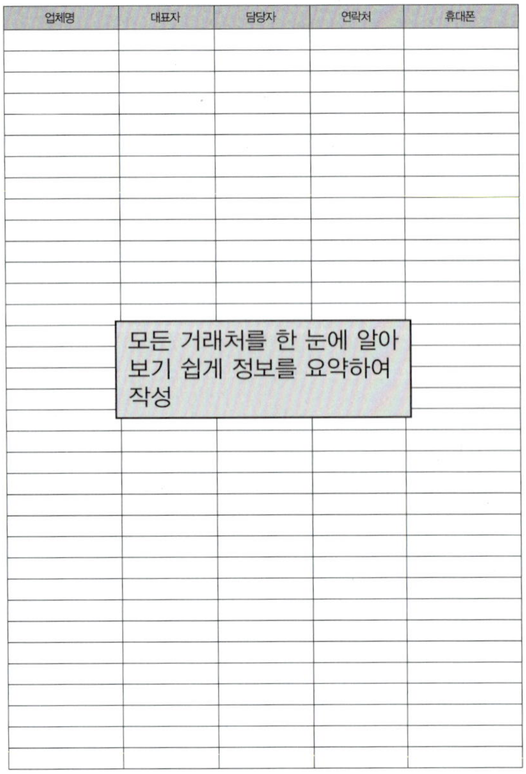

업체명	대표자	담당자	연락처	휴대폰

거래처 관리 카드

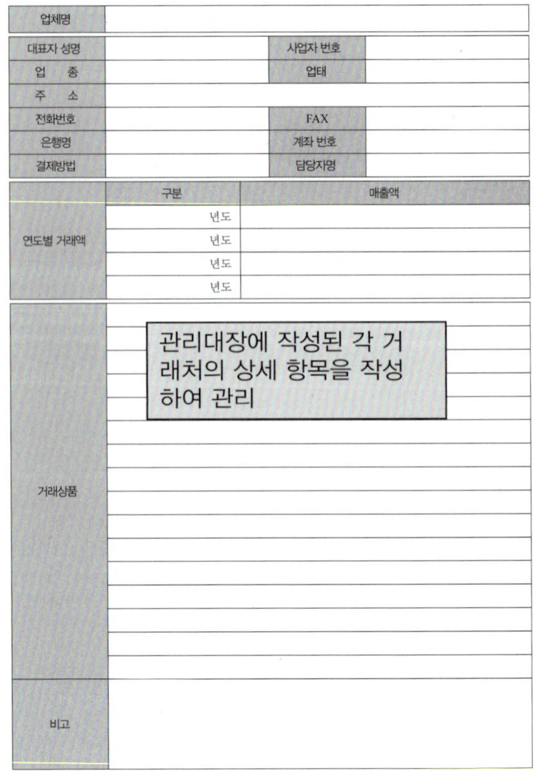

업체명			
대표자 성명		사업자 번호	
업 종		업태	
주 소			
전화번호		FAX	
은행명		계좌 번호	
결제방법		담당자명	

연도별 거래액	구분	매출액
	년도	
	년도	
	년도	
	년도	
거래상품		
비고		

출처: NCS 애완동물미용 학습모듈 기자재관리

㉠ **거래처(구매처)의 관리대장을 작성한다.**

- 모든 거래처(구매처)의 거래 내용을 한 번에 볼 수 있게 작성한다.
- 대표자의 성명, 업체 명, 해당 업체 담당자에 대한 기록을 작성하여 정리한다.

㉡ **거래처의 관리 카드를 작성한다.**

- 각 거래처(구매처)에 관한 내용을 상세하게 정리하고 작성한다.
- 대표자 성명, 사업자 등록 번호, 업태, 업종, 전화번호, 주소, 결제 방법, 계좌 번호, 담당자에 관한 기록, 취급 상품 할인율, 이전 거래 실적 등을 정리하여 기록한다.

Check point

거래처 관리 카드의 비고란에는 구매 개수별 할인율, 특정기간 할인율, 사은품 지급 방식 등의 참고 사항을 기록한다.

② 거래처(구매처)의 관리대장을 확인하고, 거래처 관리 카드를 확인하여 구매 업체를 선정한다.

거래처 관리대장을 확인하여 필요 소모품 취급 업체를 선정하고 거래처 관리 카드를 확인하여 구매할 개수의 할인율, 특정 기간의 할인율과 사은품의 지급 방식 등을 참고한다. 여러 곳의 업체를 비교하고 같은 제품도 더 저렴한 구매가 가능한 업체를 선정한다.

③ 전화, 팩스, 인터넷, 메일 등의 방법으로 소모품 주문

반려동물 미용 시에 필요 소모품은 대부분 전화주문을 많이 하지만 업체의 상황에 따라서 팩스나 메일 등의 방법을 요구하는 경우가 있다. 필요한 경우 물품 주문서 이용을 할 수 있으며 업체를 통해서 주문을 할 수 없는 경우 소모품을 가까운 판매처에 직접 방문을 하여 구매하는 경우가 있다.

6. 물품 납품받기

(1) 주기적으로 담당자가 방문하여 납품

펫 숍에서 판매되고 있는 반려동물 용품이나 사료는 따로 주문하지 않아도 정해진 날짜나 요일에 주기적으로 담당자가 방문하여 납품하는 경우이다. 방문 업체에서 반려동물 미용 용품과 소모품을 취급할 경우 용품 업체의 담당자들은 취급 물품을 주문 여부와 상관없이 차량에 싣고 방문한다. 필요한 물품이 생기면 업체의 방문 일정을 확인하고 방문 전에 미리 전화주문을 하는 것이 바람직하다. 필요한 물품이 발생하면 바로 메모판 등에 주문해야 할 물품 목록을 미리 기록해 두도록 한다.

(2) 주문 후 담당자가 직접 방문하여 납품

필요한 소모품 주문을 하면 담당자의 직접 방문으로 납품하는 방식이다. 담당자가 직접 방문을 할 때까지 일정 시간이 소요되는 단점이 있다. 그러나 방문하는 담당자가 제품에 관한 전문지식을 갖고 있기 때문에 새로 출시된 소모품에 관한 정보를 얻거나 신상품에 대한 문의를 하고 대답을 들을 수 있는 등의 장점이 있다.

(3) 택배 발송으로 납품

필요한 소모품 주문을 하면 택배로 발송하는 방식이다. 대부분 인터넷 주문 접수를 하는 업체에서 많이 사용하는 방식이다. 지역에 상관없이 납품받을 수 있는 장점이 있으나 배송되는 도중에 분실이나 파손 등의 우려가 있고, 택배사 상황에 따라서 납품이 유동적이므로 정해져 있는 날짜에 납품을 받기 힘든 단점이 있다.

(4) 직접 방문하여 구입

손쉽게 마트에서 구매가 가능한 소모품은 직접 방문하여 구매하는 것이 편리하다. 비닐장갑, 알루미늄 포일 등의 제품이 이에 해당한다.

7. 입고 시 구매한 내용 확인

입고되는 물품의 구매한 내용을 확인한다.

(1) 수량과 내용이 맞는지 확인한다.

(2) 주문한 내용 확인 후 구매 확정을 하고, 주문한 내용과 다르면 거래처에 확인하고 문제를 해결한다.

(3) 세무와 관련된 서류 등을 제공받고 확인하여 보관한다.

8. 결제 진행

정해져 있는 결제 방법을 확인하고 결제를 진행한다.

구매 업체와 납품 업체는 첫 거래 시작 전 결제 시기와 결제 방법에 관한 계약을 한다. 거래처 관리 카드에 명시된 결제 방법을 확인하고 결제를 진행한다.

(1) 결제 방법을 확인하여 결제한다.

① 카드와 현금 결제 여부를 확인하여 결제한다.
② 납품 가격에 대한 부가세 포함 여부를 확인하고 결제한다.

(2) 결제 시기를 확인하여 결제한다.

① 주문과 동시 결제를 하기로 계약한 경우 주문 즉시 결제한다.
② 납품 후 결제를 계약한 경우 물건이 입고되면 내용을 확인하고 결제한다.
③ 일정 기간 입고된 제품을 약속한 날짜에 한 번에 결제하기로 계약한 경우는 결제일과 기간을 확인하고 결제한다.

Check point

- 결제하는 방법에 따라서 증정 용품이나 할인율 등 변화의 가능성이 있을 수 있으므로 내용 확인을 하고 유리한 방법을 선택하여 결제 진행을 한다.
- 부가세 별도의 품목은 부가세를 포함한 금액을 결제한다.

PART Ⅱ 기자재 관리

3. 미용 장비 유지 보수하기

학습내용(단원명)	수업 목표
미용 장비 유지 · 보수하기	• 미용 장비의 올바른 사용을 위하여 장비 매뉴얼을 숙지할 수 있다. • 미용 장비의 성능과 청결을 유지하기 위해 점검표를 활용하여 정기적으로 점검하고 소독할 수 있다. • 안전사고의 방지와 성능 유지를 위해 미용 장비의 이물질을 제거하고 청소할 수 있다. • 애완동물 미용 작업 시 안전사고를 방지하기 위하여 노후, 손상된 미용 장비를 교체하고 수리를 의뢰할 수 있다.

1. 미용 장비 관리

1. 미용 기자재 목록 작성

반려동물 미용 장비 종류를 파악한다.

(1) 미용 테이블

미용 테이블이란 반려동물 미용 작업에 사용하는 테이블이다. 반려동물 미용 작업은 주로 좁고 높은 테이블 위에서 실시되는데, 그 이유는 반려동물의 불필요한 활동을 제한하고 반려동물 미용사가 편하고 바른 자세로 미용 작업을 하기 위해서이다.

① 접이식 미용 테이블

튼튼하고 견고하지는 않지만 휴대하기가 간편하고 가볍기 때문에 이동식 미용 작업 테이블로 사용한다.

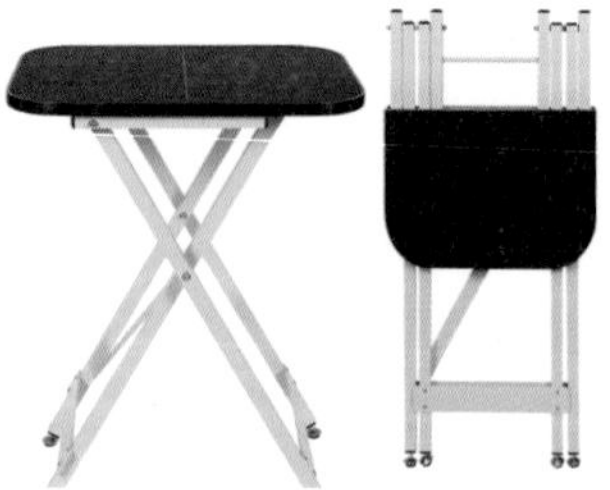

접이식 미용 테이블

② 수동식 미용 테이블

접었다 펼 수 있는 미용 테이블로, 반려동물 미용사의 작업 스타일이나 키에 맞추어 높낮이의 조절이 가능하므로 편리하다. 가격이 저렴하고 접었을 때 이동이 가능한 장점이 있지만, 미용 시작 전 반려동물의 상황이나 크기에 맞추어 수동으로 테이블의 높이 조절을 해야 되는 불편함이 있다.

수동식 미용 테이블

③ 유압식 미용 테이블

발로 버튼을 눌러 높낮이를 조절하는 미용 테이블이다. 높낮이의 조절이 편리하고 비교적 저렴한 가격이 장점이다.

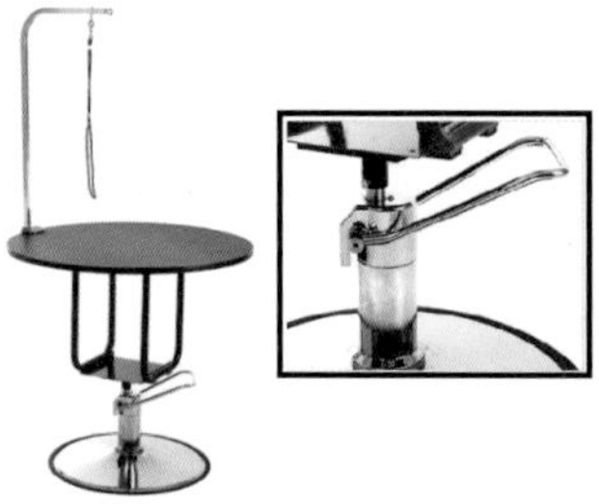

유압식 미용 테이블

④ 전동식 미용 테이블

전력을 이용하여 높낮이를 조절하는 미용 테이블이다. 가격이 비싸고 부피가 큰 단점이 있으나 높낮이 조절이 편리한 장점이 있다.

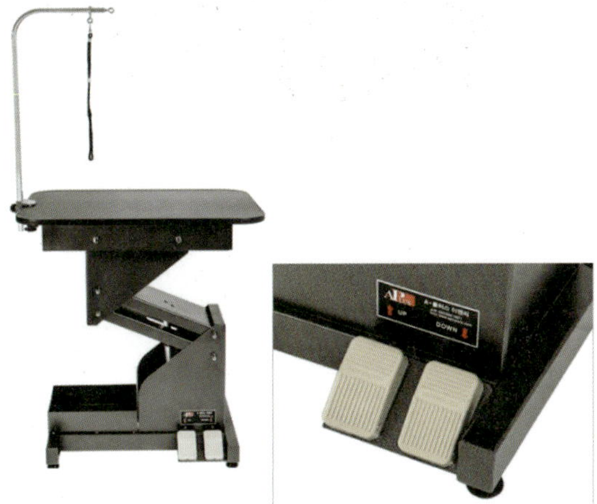

전동식 미용 테이블

(2) 테이블 고정 암과 바구니

① 테이블 고정 암

반려동물을 미용 테이블 위에 올려놓고 미용을 할 때 반려동물의 낙상 방지를 위해서 사용한다.

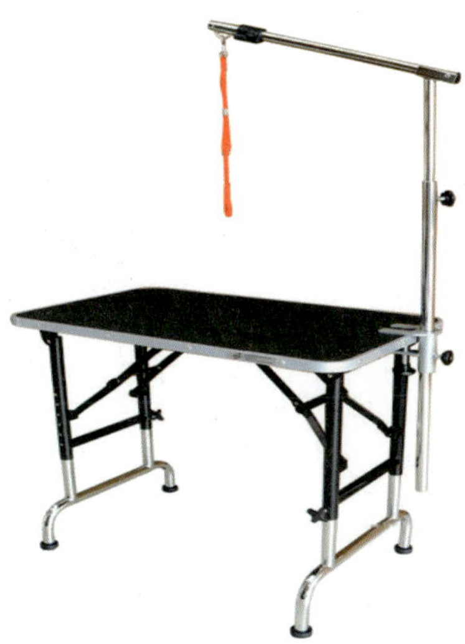

테이블 고정 암

② 테이블 바구니

테이블 밑 부분에 있으며 미용 도구를 올려놓는 용도로 사용한다.

테이블 바구니

(3) 드라이어

① 개인용 드라이어

보통 가정에서 사용하고 있는 드라이어로, 바람의 세기나 온도의 단계 조절이 조금 어렵고 바람의 세기가 약하여 반려동물 미용 작업에는 많은 사용을 하지 않는다. 다만 이동해야 할 경우나 장소가 협소할 경우 사용이 편리하다는 장점이 있다.

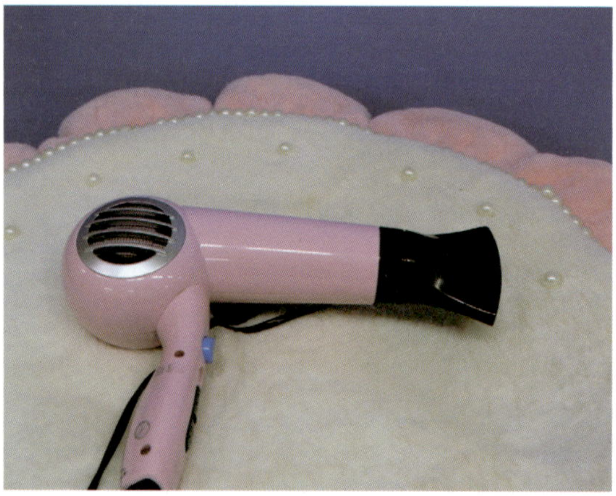

개인용 드라이어

② 스탠드 드라이어

바람 세기의 조절이나 각도의 조절이 간단해 반려동물 미용 작업에 많이 사용한다.

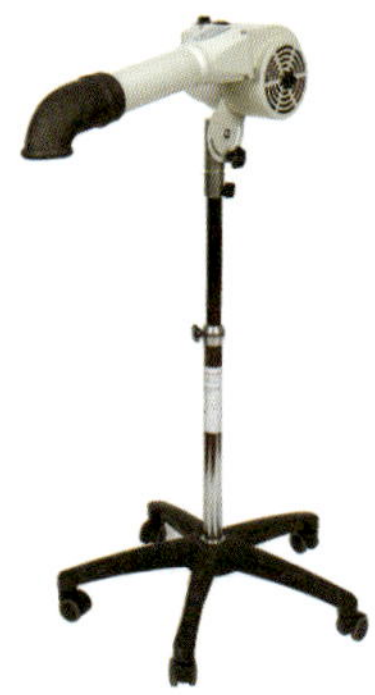

스탠드 드라이어

③ 룸 드라이어

박스 모양의 룸 안에 반려동물을 들어가게 하고 작동하면 바람이 나오게 하는 장치가 부착되어 있어 미용사의 손으로 직접 동물의 드라이 작업을 하지 않아도 자동으로 작업이 가능한 드라이 시스템이다.

룸 드라이어

④ 블로 드라이어

강한 바람으로 반려동물의 코트를 말리는 드라이어로 스틱형 관이나 호스를 끼워 사용한다. 테이블 위에 올려놓거나 바닥에 내려놓고 사용하고 스탠드 위에 올려놓고 각도를 조절하면서 사용하기도 한다.

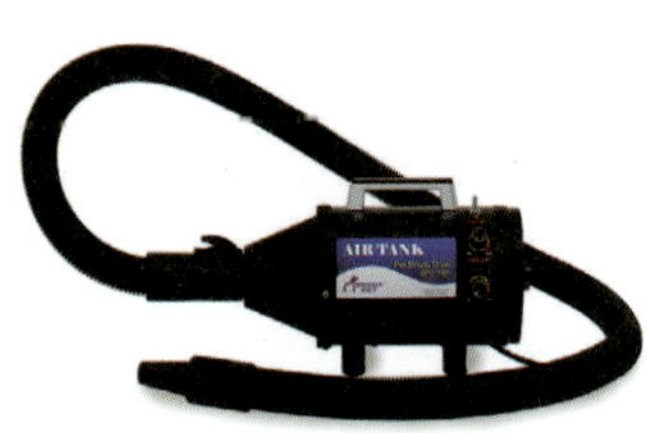

블로 드라이어

(4) 샤워 장비

① 목욕조(샤워기 및 수도꼭지)

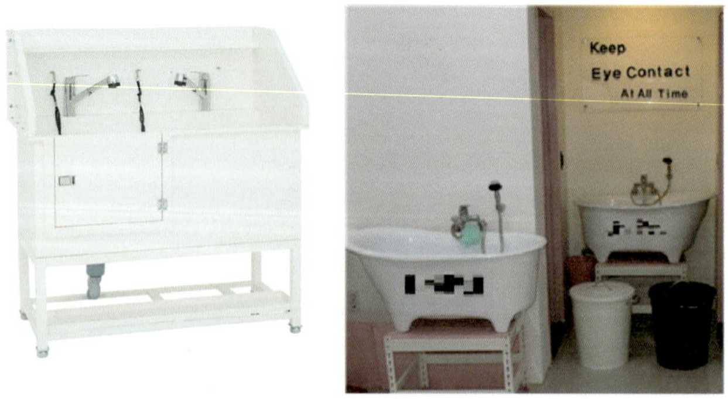

목욕조

② 스파 기기

노폐물과 냄새 제거의 효과가 있으며 반려동물을 목욕시킬 때 사용한다.

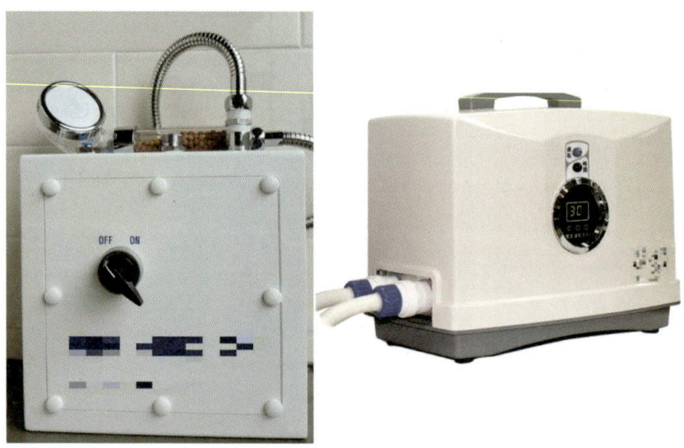

스파 기기

(5) 온수기

반려동물의 목욕 작업 시 온수를 공급하는 장치이다. 가스온수기와 전기온수기를 주로 사용한다. 전기온수기는 설치가 편한 장점이 있으나 온수기 통 안에 저장되어 있는 물을 모두 사용하고 나면 다시 물을 데우기까지 오랜 시간이 걸리기 때문에 많은 양의 물을 한 번에 사용하는 장소에서는 적절하지 못하다. 또, 가스온수기는 설치 방법이 까다롭지만 한 번에 많은 양의 물을 단시간에 데울 수 있어 목욕 작업 시간이 길어도 걱정 없이 사용할 수 있는 장점이 있다.

전기온수기

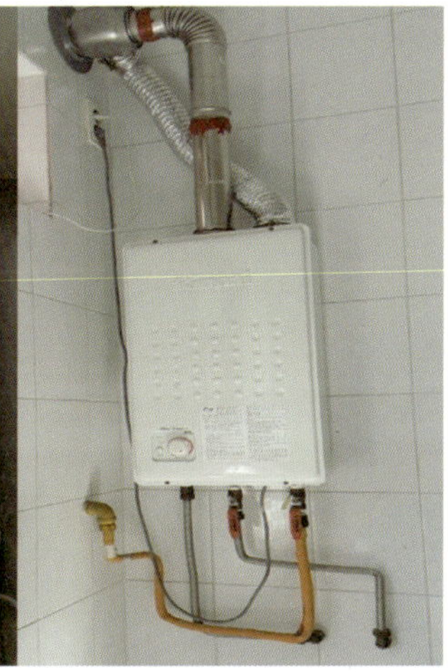

가스온수기

(6) 소독 기기

자외선으로 살균하는 기계로 반려동물의 미용 도구를 소독할 때 사용한다. 건조와 소독을 함께 할 수 있는 제품이 편리하며 약제 소독이나 가열 살균에 비해 소독 시간이 짧아 사용이 편리하다.

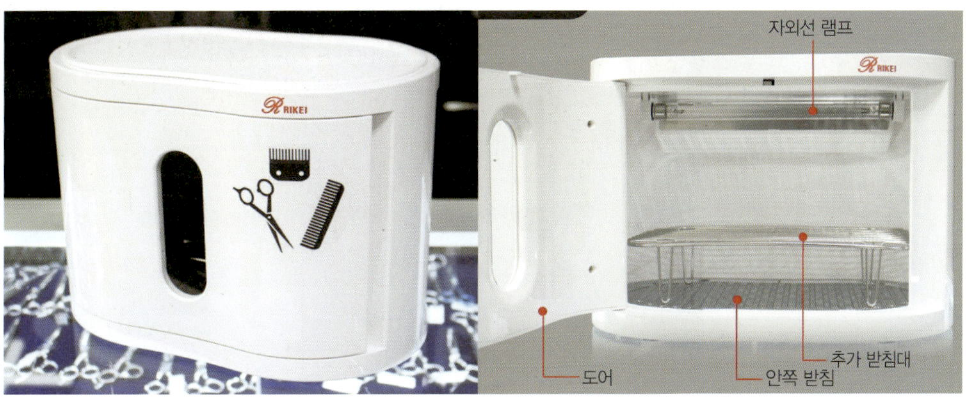

자외선 소독기

2. 미용 기자재의 사용 매뉴얼 확인

(1) 반려동물 미용 장비 종류를 파악하고 사용 매뉴얼을 확인한다.

기자재 목록

순번	기자재명	모델명	규격	수량	구입일	구입 가격(원)	구입처	비고
1	스텐드드라이어	K-45-5085-36A	550mm*80mm*160mm	2	2016. 05	350,000	(주)드라이	
2	핸드드라이어	HD-785A-56E	500g	3	2015. 04	35,000	(주)다있어	
3	룸드라이어	RD-S45-2221	400mm*510mm*640mm	1	2015. 04	1,200,000	(주)드라이	
4	블로어드라이어	BR-45A12	500mm*216mm*160mm	1	2015. 04	360,000	(주)드라이	
5	미용테이블(소형)	T-KK345-87A	740mm*480mm*600mm	4	2016. 05	450,000	야옹이	
6	미용테이블(대형)	T-KK365-88B	1150mm*600mm*70mm	2	2016. 05	360,000	야옹이	
7	탄산스파	TSSA561	1000mm*55mm*100mm	1	2015. 04	700,000	밍밍이네	
8	온수기	CS98-0A9	100L	1	2015. 04	500,000	(주)따듯해	
9	죄외산소독기	S099-A23RE	950mm*550mm*700mm	1	2015. 04	500,000	(주)따듯해	
10								
11								
12								
13								
14								
15								

기자재 목록의 장비를 제품별로 작성하여 기록

장비 관리대장

작성일: 2016. 08. 02

제품명	스텐드 드라이			일련 번호	K-45-5085-36A
제작 회사	(주)드라이	제작 년도	2016. 05	규격	550mm*80mm*160mm
취득일자	2016.08	취득 가격	350,000	취득 시 장비 상태	신품
사진					

출처: NCS 애완동물미용 학습모듈 기자재관리

① 기자재 목록을 작성한다.

② 기자재 목록을 참고하여 장비 관리대장을 작성한다.

Check point

- **신품** : 새로운 물품, 또는 사용하지 않은 물품
- **중고품** : 사용을 한 물품으로 수리하지 않아도 사용할 수 있는 물품
- **요정비품** : 수리하여 사용 가능하며, 경제적인 물품
- **폐품** : 수리가 불가능하거나 수리해서 사용이 가능해도 비경제적인 물품

(2) 각 장비들의 사용 매뉴얼을 읽고 제품 사용 방법과 주의사항을 파악한다.

3. 미용 장비의 성능 점검과 소독

반려동물 미용 장비로 인한 안전사고를 방지하고 장비의 성능 유지를 위해 이물질을 제거하고 청소한다.

(1) 미용 테이블

① 수동식 미용 테이블

수동식 미용 작업 테이블을 청소하고 소독 후 점검한다.

- 테이블 상판의 이물질과 털을 제거하고 소독한다.
- 테이블 지지대의 이물질과 털을 제거하고 소독한다.
- 테이블 바구니가 설치되어 있는 경우에는 바구니의 이물질과 털을 제거하고 소독한다.
- 테이블 상판에 있는 미끄럼 방지판을 확인하고 점검한다.
- 테이블 접이 부분을 확인하고 점검한다.
- 테이블 높낮이의 조절 부위를 확인하고 점검한다.
- 테이블 받침대를 확인하고 점검한다.
- 테이블이 흔들림 없이 고정이 잘 되었는지 확인하고 점검한다.

② 유압식 미용 테이블

유압식 미용 작업 테이블을 청소하고 소독 후 점검한다.

- 테이블 상판의 이물질과 털을 제거하고 소독한다.
- 데이블 지지대의 이물질과 딜을 제거하고 소독한나.
- 테이블 상판에 있는 미끄럼 방지판을 확인하고 점검한다.
- 테이블 상판에 있는 연결 부위에 흔들림이 있는지 확인하고 점검한다.
- 유압 장치를 발로 눌러 보아 미용 테이블 높낮이 조절이 잘 되는지 확인하고 점검한다.

③ 전동식 미용 테이블

전동식 미용 작업 테이블을 청소하고 소독 후 점검한다.

- 테이블 상판의 이물질과 털을 제거하고 소독한다.
- 테이블의 하부 소독을 한다.
- 테이블 상판에 있는 미끄럼 방지판을 확인하고 점검한다.
- 테이블이 흔들림 없이 고정이 잘 되었는지 확인하고 점검한다.
- 미용 테이블의 높낮이를 조절하는 버튼을 눌러 보아 테이블 높낮이 조절이 잘 되는지 확인하고 점검한다.

(2) 드라이어

① 개인용 드라이어

- 흡입구의 이물질을 제거한다.
- 바람의 세기와 드라이 온도의 이상 여부를 확인하고 점검한다.

② 스탠드 드라이어

- 흡입구의 이물질을 제거한다.
- 스탠드 부위의 흔들림 여부를 확인하고 점검한다.
- 바람의 세기와 드라이 온도의 이상 여부를 확인하고 점검한다.

③ 룸 드라이어

룸 드라이어를 확인하고 내부 및 외부 청소와 소독을 하고 점검한다.

- 바람세기와 온도의 이상 여부를 확인하고 점검한다.
- 물 받침대와 발판을 청소하고 소독한다.
- 내부 벽면과 상판에 붙어 있는 이물질과 털을 모두 털어내고 제거한 후 소독한다.
- 외부에서 내부를 볼 수 있는 유리문은 깨끗이 닦아주어 시야가 깨끗해지도록 한다.
- 외부와 외부 벽면에 붙어 있는 이물질과 털을 모두 털어내고 제거한 후 소독한다.
- 공기 필터를 꺼내어 청소하고 소독한다.
- 물로 세척이 가능한 부분은 물세척을 하고 필터를 건조시킨 후에 장착한다.
- 물 받침대, 발판, 공기 필터의 오염과 파손 여부를 확인하고 점검한다.
- 적외선램프나 타이머가 장착된 제품은 램프와 타이머의 이상 여부를 확인하고 점검한다.
- 오염이 심하거나 사용기한 경과가 된 경우, 또 파손이 된 경우 교체한다.

Check point

- 반려 동물의 혀로 핥을 수 있는 부분에는 반려동물에게 유해한 소독제를 절대 사용해서는 안 된다.
- 소독 후 환기는 충분히 시켜 주어 반려동물의 호흡에 불편함이 없도록 한다.

④ 블로 드라이어

- 흡입구에 붙어 있는 이물질을 제거한다.
- 블로 드라이어 호스의 손상된 부분이 없는지 확인하고 점검한다.
- 스탠드의 연결이 필요한 블로 드라이어를 사용할 때에는 스탠드가 불안하게 흔들림이나 손상 부분이 없는지 확인하고 점검한다.

(3) 샤워 장비

① 목욕조(샤워기 및 수도꼭지)

- 수도꼭지에 붙어 있는 이물질을 닦아낸다.
- 물이 흐를 수 있도록 작동시켜 놓고 수도꼭지의 이상이 있는지 확인하고 점검한다.
- 목욕조에 붙어 있는 털과 거름 용기에 있는 이물질을 제거하고 확인 및 점검한다.
- 미끄럼 방지를 위한 장치가 이상이 있는지 확인하고 점검한다.
- 욕조에 물이 흐르도록 샤워기를 작동시켜 물이 잘 빠져나가는 상태인지를 확인하고 점검한다.

② 스파 기기

- 가스 사용을 하는 스파 기기의 가스 조정기와 가스 실린더의 압력을 확인하고 점검한다.
- 스파 기기에 있는 노즐에 이상 여부를 확인 및 점검한다.
- 스파 기기를 작동시켜 기기가 정상적으로 작동하는지 확인 및 점검한다.

(4) 온수기

① 전기온수기

- 물을 틀어 보고 온수의 공급이 원활한지 확인하고 점검한다.
- 전기선과 콘센트를 연결하는 부분의 이상 여부를 확인하고 점검한다.

② 가스온수기

- 물을 틀어 보고 온수의 공급이 원활한지 확인하고 점검한다.
- 가스 밸브의 이상 여부를 확인하고 점검한다.
- 가스 밸브의 점검이 완료되면 밸브를 반드시 확인하고 잠근다.

(5) 소독 기기

(6) 세탁기

(7) 컴퓨터와 주변 기기

4. 각 기자재당 점검표 작성 및 기록

기자재 관리의 점검표 작성을 하고 점검 내용을 정리하여 기록한다.

관리가 필요한 장비명 기재

[기자재명] 관리 점검표

〈 월〉 작성자: (인)

날짜	청소 및 소독					점 검				
	내부	발판	물받이	흡입구	상부	내부	발판	물받이	흡입구	상부
1										
2										
3										
4										
5										
6										
7										
8										
9										
10										
11										
12										
13										
14										
15										
16										
17										
18										
19										
20										
21										
22										
23										
24										
25										
26										
27										
28										
29										
30										
31										

청소와 소독이 필요한 항목 작성

점검이 필요한 항목 작성

O: 이상 없음, V: 특이 사항 있음(특이 사항 기록)

기자재 점검표의 예시

출처: NCS 애완동물미용 학습모듈 기자재관리

5. 이상이 발생한 장비의 처리

이상이 발생한 장비는 상태에 따라서 처리해야 하는 방법을 결정한다.

(1) 수리

장비의 수리가 필요할 시에는 수리를 요청한다.

① 수리 요청서를 작성한다.

② 수리를 의뢰한다.

③ 수리 완료 후 수리 내용을 확인하고 장비를 점검한다.

④ 수리 비용을 결제한다.

기자재 수리 의뢰서

장비명	룸드라이어	의뢰 일자	2016. 08. 25
모델명	RD-S45-2221	일련 번호	K2014-05-02
의뢰자	강미용		

이상 내용
· 타이머 작동 시 드라이어의 적외선 램프가 작동하지 않음 · 물 빠짐 발판부위 부식으로 인해 동물이 밟을 때 흔들림

이상 내용을 자세히 작성

수리를 의뢰하는 제품에 대한 정보를 입력

출처: NCS 애완동물미용 학습모듈 기자재관리

(2) 교체

교체해야 할 시기가 된 경우에는 장비를 구매하여 교체한다.

〈서식 1〉 미용 도구 위생 관리 점검표

미용 도구 위생 관리 점검표

결재	담당	실장	대표

〈　　　　월〉

점검 항목	1	2	3	4	5	6	7	8	9	10	11	12	13	14	15	16	17	18	19	20	21	22	23	24	25	26	27	28	29	30	31	비고

●: 이상 없음, ∨: 특이 사항 있음(첨부된 별지 확인), △: 다음 작업 시 재점검 필요

출처: NCS 애완동물미용 학습모듈 기자재관리

〈서식 2〉 위생 관리 점검표

[ ] 위생 관리 점검표

결재	담당	실장	대표

〈 월〉

점검 항목	1	2	3	4	5	6	7	8	9	10	11	12	13	14	15	16	17	18	19	20	21	22	23	24	25	26	27	28	29	30	31	비고

●: 이상 없음, ∨: 특이 사항 있음(첨부된 별지 확인), △: 다음 작업 시 재점검 필요

출처: NCS 애완동물미용 학습모듈 기자재관리

〈서식 3〉 미용 도구 위생 관리 점검표: 특이 사항

미용 도구 위생 관리 점검표: 특이 사항

날짜	특이 사항	작성자
1		
2		
3		
4		
5		
6		
7		
8		
9		
10		
11		
12		
13		
14		
15		
16		
17		
18		
19		
20		
21		
22		
23		
24		
25		
26		
27		
28		
29		
30		
31		
비고		

출처: NCS 애완동물미용 학습모듈 기자재관리

〈서식 4〉 소모품 재고관리대장

소모품 재고관리대장

결재	담당	실장	대표

〈　　　　　월〉

점검 항목	용량	잔량	계	주차 (날짜)	불출량					재고
	(단위)				1주 (　일)	2주 (　일)	3주 (　일)	4주 (　일)	5주 (　일)	

출처: NCS 애완동물미용 학습모듈 기자재관리

〈서식 5〉 소모품 재고관리대장

소모품 재고관리대장

결재	담당	실장	대표

〈　　　　월〉

품명	단위	비고
일반용	mL	1EA 4L 포장 단위임.

날짜	구입량	사용량	보유량
	(이월)		
1			
2			
3			
4			
5			
6			
7			
8			
9			
10			
11			
12			
13			
14			
15			
16			
17			
18			
19			
20			
21			
22			
23			
24			
25			
26			
27			
28			
29			
30			
31			

출처: NCS 애완동물미용 학습모듈 기자재관리

〈서식 6〉 거래처 관리대장

거래처 관리대장

업체명	대표자	담당자	연락처	휴대폰

출처: NCS 애완동물미용 학습모듈 기자재관리

〈서식 7〉 거래처 관리 카드

거래처 관리 카드

<table>
<tr><td>업체명</td><td colspan="3"></td></tr>
<tr><td>대표자 성명</td><td></td><td>사업자 번호</td><td></td></tr>
<tr><td>업 종</td><td></td><td>업태</td><td></td></tr>
<tr><td>주 소</td><td colspan="3"></td></tr>
<tr><td>전화번호</td><td></td><td>FAX</td><td></td></tr>
<tr><td>은행명</td><td></td><td>계좌 번호</td><td></td></tr>
<tr><td>결제방법</td><td></td><td>담당자명</td><td></td></tr>
</table>

<table>
<tr><td rowspan="5">연도별 거래액</td><td>구분</td><td>매출액</td></tr>
<tr><td>년도</td><td></td></tr>
<tr><td>년도</td><td></td></tr>
<tr><td>년도</td><td></td></tr>
<tr><td>년도</td><td></td></tr>
</table>

<table>
<tr><td></td><td></td></tr>
<tr><td rowspan="15">거래상품</td><td></td></tr>
<tr><td></td></tr>
<tr><td></td></tr>
<tr><td></td></tr>
<tr><td></td></tr>
<tr><td></td></tr>
<tr><td></td></tr>
<tr><td></td></tr>
<tr><td></td></tr>
<tr><td></td></tr>
<tr><td></td></tr>
<tr><td></td></tr>
<tr><td></td></tr>
<tr><td></td></tr>
<tr><td></td></tr>
<tr><td>비고</td><td></td></tr>
</table>

출처: NCS 애완동물미용 학습모듈 기자재관리

〈서식 8〉 장비 관리대장

장비 관리대장

작성일: ____________

제품명				일련 번호	
제작 회사		제작 년도		규격	
취득일자		취득 가격		취득 시 장비 상태	
사진					

출처: NCS 애완동물미용 학습모듈 기자재관리

〈서식 9〉 기자재 목록

기자재 목록

순번	기자재명	모델명	규격	수량	구입일	구입 가격(원)	구입처	비고
1								
2								
3								
4								
5								
6								
7								
8								
9								
10								
11								
12								
13								
14								
15								

출처: NCS 애완동물미용 학습모듈 기자재관리

〈서식 10〉 기자재 수리 의뢰서

기자재 수리 의뢰서

<table>
<tr><td>장비명</td><td></td><td>의뢰 일자</td><td></td></tr>
<tr><td>모델명</td><td></td><td>일련 번호</td><td></td></tr>
<tr><td>의뢰자</td><td colspan="3"></td></tr>
<tr><td colspan="4">이상 내용</td></tr>
<tr><td colspan="4"></td></tr>
</table>

출처: NCS 애완동물미용 학습모듈 기자재관리

〈서식 11〉 기자재 관리 점검표

[ ] 관리 점검표

〈 월〉 작성자: (인)

날짜	청소 및 소독					점 검				
1										
2										
3										
4										
5										
6										
7										
8										
9										
10										
11										
12										
13										
14										
15										
16										
17										
18										
19										
20										
21										
22										
23										
24										
25										
26										
27										
28										
29										
30										
31										

ㅇ: 이상 없음, ∨: 특이 사항 있음(특이 사항 기록)

출처: NCS 애완동물미용 학습모듈 기자재관리

〈서식 12〉 물품(수리·제작) 요구서

물품(수리 · 제작) 요구서

결재	담당	실장	대표

품명	규격	단위	수량	예정 금액		용도(사유)	본체의 관리번호
				단가	금액	설치 장소	

위 물품을 월 일까지 (구입 · 수리 · 제작) 하여 주시기 바랍니다.

년 월 일

신 청 부 서:

신 청 인: (인)

출처: NCS 애완동물미용 학습모듈 기자재관리

〈서식 13〉 요구 사항 및 시설 보수 의뢰서

요구 사항 및 시설 보수 의뢰서

수　　신		☆특기:
참　　조		
요 구 일		
요구 부서 및 요구자		
처 리 기 간		
제　　목		

☞ 요구 내용은 도면 첨부, 비품 사양을 상세히 기록하고 담당자의 결재를 반드시 받을 것.

요구 내용:
특별 사항:

출처: NCS 애완동물미용 학습모듈 기자재관리

〈서식 14〉 물품 불용 처리 신청서

물품 불용 처리 신청서

결재	담당	실장	대표

관리 번호	품명	규격	금액	수량	구입 년월일	모델명 제조 번호	불용 사유

상기 물품을 불용 청구하오니 승인하여 주시기 바랍니다.

년 월 일

담 당 자: (인)

실 장: (인)

출처: NCS 애완동물미용 학습모듈 기자재관리

〈서식 15〉 사유물 보고서

사유물 보고서

결재	담당	실장	대표

1. 사용 및 보관 장소 :
2. 소　유　자 :
3. 사　　　유 :
4. 물 품　내 용

구분	품명	규격	수량	단위	금액	제조 회사	비고

위와 같이 사용 및 보관하고 있음을 보고합니다.

년　　월　　일

담 당 자:　　　　　　　　(인)

실　　장:　　　　　　　　(인)

출처: NCS 애완동물미용 학습모듈 기자재관리

〈서식 16〉 물품 망실/파손 보고서

물품 망실/파손 보고서

결재	담당	실장	대표

1. 소 속 부 서 :
2. 관리 책임자 :
3. 발 생 일 시 :
4. 장 소 :
5. 사 유 :
6. 물 품 내 용

구분	품명	수량	단위	금액	관리 번호	제작 회사	비고

이와 같이 ( )을 보고합니다.

년 월 일

담 당 자: (인)

실 장: (인)

출처: NCS 애완동물미용 학습모듈 기자재관리

〈서식 17〉 재산 등재 의뢰서

재산 등재 의뢰서

물품명			설치 장소		제조 번호	
규 격		모 델		제조사		
활용도		담당자		수 량		단 가	
용도 구분						
구입처		구입자			구입일	
의뢰 사유						
비 고						

위 물품의 등재를 요청합니다.

년 월 일

의뢰자 소속:

성 명: (인)

출처: NCS 애완동물미용 학습모듈 기자재관리

물품 주문서

<table>
<tr><td>주문 일자</td><td></td><td rowspan="7">○○○○ 반려동물 미용 숍
주　　　소 :
대　표　자 :
연　락　처 :
사업자번호 :
업　　　태 :
담　당　자 :</td></tr>
<tr><td>주 문 처</td><td></td></tr>
<tr><td>담 당 자</td><td></td></tr>
<tr><td>연 락 처</td><td></td></tr>
<tr><td>F A X</td><td></td></tr>
<tr><td>E-mail</td><td></td></tr>
<tr><td>납품 요구일</td><td></td></tr>
</table>

제품명	제조사	용량	수량	단가	금액

<table>
<tr><td rowspan="3">비고</td><td></td><td></td><td>합 계</td><td></td><td></td></tr>
<tr><td></td><td></td><td>부가세</td><td></td><td></td></tr>
<tr><td></td><td></td><td>총 계</td><td></td><td></td></tr>
</table>

출처: NCS 애완동물미용 학습모듈 기자재관리

〈서식 19〉 물품 구입 요구서

물품 구입 요구서

결재	담당	실장	대표

품명	규격	단위	수량	예정 금액		용도(사유) / 설치 장소	관리번호
				단가	금액		

위 물품을 월 일까지 (구입 · 수리 · 제작) 하여 주시기 바랍니다.

년 월 일

신 청 인: (인)

출처: NCS 애완동물미용 학습모듈 기자재관리

〈서식 20〉 납품서

납품서

년 월 일 귀하 아래와 같이 납품합니다.	등록 번호			
	상 호		성 명	(인)
	주 소			
	전 화		FAX	

품명	규격			설치장소	수량	단위	금액
	모델명	제조 번호	제조 회사				

검수	부 서		비고	
	성 명	(인)		
	날 짜			

출처: NCS 애완동물미용 학습모듈 기자재관리

〈서식 21〉 물품 검수 내역서

물품 검수 내역서

결재	담당	실장	대표

품명	규격	단위	모델명	단가	금액	계약 수량	검수량	비고

출처: NCS 애완동물미용 학습모듈 기자재관리

PART Ⅲ

고객 상담

1. 고객 만족
2. 고객 응대하기
3. 고객 관리 차트 작성하기
4. 반려동물의 상태 확인하기
5. 스타일 상담하기
6. 작업 후 고객 상담하기
7. 미용 숍의 영업 등록

PART Ⅲ 고객 상담

1. 고객 만족

학습내용(단원명)	수업 목표
고객 만족 서비스	• 고객의 요구를 파악할 수 있다. • 고객의 욕구를 이해하기 위해서 고객들이 '가치'를 어디에 두고 있는지 파악할 수 있다.

1. 고객 만족 서비스

나와 대면하게 되는 모든 사람이 나에게는 고객이며, 나의 위치와 상황에 맞는 예의 바르고, 매너 있는 자세와 진심을 담은 신뢰 있는 언어로 관계를 긍정적으로 이끌어가며 고객의 특정 니즈를 제공하는 것이 서비스이다.

1. 고객 서비스

① 고객 서비스도 또 다른 상품이다. 무형으로 파악하기 어렵고, 생산과 소비가 동시에 이루어지므로 재고가 없으며, 주로 사람에게 의존한다.
② 만족한 고객 서비스는 지속적인 고객 유지를 가능하게 한다.
③ 고객과의 접점에서 전달되는 서비스의 질이 고객 만족을 유도하는 핵심 요인이다.

2. 고객의 요구

① 관심 있는 태도를 바란다.
② 자신의 입장이 되어 경청해주길 바란다.
③ 대화와 자세한 설명을 해주기를 바란다.
④ 신뢰감을 심어주기 바란다.

3. 고객의 가치 파악

고객의 욕구를 이해하기 위해서는 고객들이 '가치'를 어디에 두고 있는지를 살펴 보아야 한다.

시대변화	판단요소	판단기준
이성 소비시대	품질, 성능, 기능, 가격	좋다, 나쁘다
감성 소비시대	디자인, 색상, 사용편의	낫다, 못하다
감동 소비시대	만족감, 기쁨, 행복감	만족, 불만족

PART Ⅲ 고객 상담

2. 고객 응대하기

학습내용(단원명)	수업 목표
상담 환경 조성과 응대	• 고객 응대 매뉴얼에 따라 밝은 미소와 부드러운 어조로 고객에게 좋은 인상을 줄 수 있다. • 고객 상담 시 고객과 반려동물이 함께 편안하게 느낄 수 있도록 분위기를 조성할 수 있다. • 고객 요구 사항에 대한 의견을 청취하여 고객의 방문 동기를 파악할 수 있다. • 정기적인 고객 응대 교육으로 불만 고객의 응대를 유연하게 할 수 있다.
반려동물의 개체 특성 파악	• 고객에게서 반려동물의 개체 특성과 주의사항을 파악할 수 있다. • 반려동물 행동에 대한 이해를 통해 동물과 친밀도를 높일 수 있다.

1. 고객 응대

1. 상담실의 환경 조성

(1) 상담 공간의 위생과 냄새 관리

① 반려동물의 배변, 배뇨를 즉시 봉투에 담아 버릴 수 있도록 배변 봉투와 위생 용품은 잘 보이는 곳에 비치해 둔다.

② 애완동물의 배변, 배뇨 처리 시 사용한 쓰레기통은 수시로 비워 준다.

③ 미용 숍 대기 공간까지 털이 날리지 않도록 청소기를 사용하여 수시로 관리한다.

④ 탈취제를 준비하고 수시로 관리한다.

⑤ 편안하고 아늑한 느낌을 줄 수 있도록 아로마를 발향하는 것도 좋다.

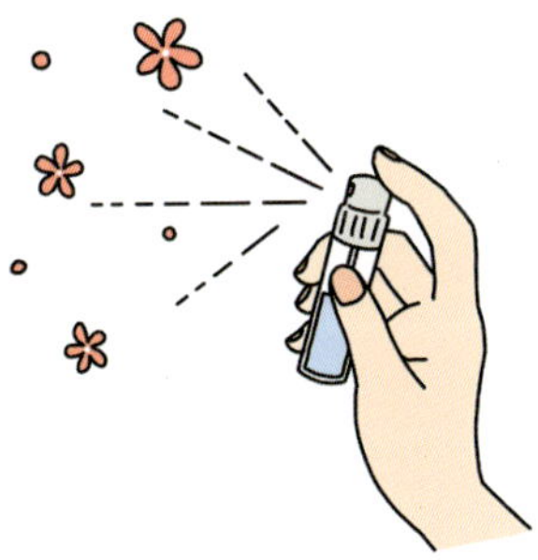

Check point

- 라벤더 향은 애완동물의 신경 안정, 진통, 살균에 효과가 있다.
- 재스민 향은 애완동물의 긴장 완화와 우울증에 효과가 있다.

⑥ 일일 점검표 작성과 관리를 꾸준히 한다.

(2) 상담 환경

① 대기 시간 관리

상담을 기다리거나 반려동물의 미용을 기다리는 중에 보호자가 지루하지 않도록 차나 다과를 준비해 두고, 반려동물 관련 저널이나 미용 관련 잡지를 비치해 두는 것이 좋다. TV 등의 시청각 자료를 제공해 주는 것도 좋은 방법이나 소리를 너무 크게 틀어 준비하지 않는다.

② 음악

미용 작업실의 기계음이 들리지 않도록 잔잔한 선율의 음악을 준비해 보호자도 반려동물도 편안함을 느낄 수 있도록 한다.

③ 반려동물에게 긍정적인 기억을 만들 수 있는 대기 공간

반려동물이 미용 숍에서 긍정적인 기억을 만들 수 있도록 반려동물 간식이나 장난감 등을 비치해 두어 보호자와 작업자가 활용할 수 있도록 한다.

Check point

고전적 조건 형성(Classical Conditioning)은 행동주의 심리학의 이론으로, 특정 반응을 이끌어 내지 못하던 자극이 그 반응을 무조건적으로 이끌어 내는 자극과 반복적으로 연합되면서 그 반응을 유발하게끔 하는 과정을 말한다.

예를 들어 반려동물에게 미용의 작업은 스트레스가 되는 과정이므로 반려동물은 미용 숍(중성자극)에 도착하면 불안감을 나타낼 것이다. 이때 매번 반려동물이 미용 숍에 올 때마다 간식과 장난감, 칭찬 등의 반려동물이 좋아하는 것(무조건자극)을 제공해 준다면, 반려동물은 미용 숍에 오는 것을 싫어하지 않고 불안해하지 않으며 재미있고 즐거운 놀이로 받아들일 수 있다.

④ 고양이가 좋아하는 식물

반려묘는 반려견보다 더욱 새로운 환경에 예민하게 반응한다. 가능한 반려묘와 반려견은 대기 장소를 구분해 놓는 것이 좋으며 반려묘가 좋아하는 박하류 허브인 캣닙을 준비해 놓는다면 도움이 될 것이다.

⑤ 개와 고양이에게 위험한 식물

<table>
<tr><td rowspan="2">백합</td><td>백합으로 장식한 꽃병이 놓인 거실은 우아하지만, 고양이에게는 지뢰밭과 같다.
백합(Lilium)과 원추리(Hemerocallis) 계열 백합은 고양이 신부전증을 유발한다. 참나리, 나팔나리, 응달나리 등이 고양이에게 해롭다. 고양이가 백합 잎이나 꽃가루를 조금이라도 삼키기만 하면, 신부전증에 걸린다. 백합을 조금이라도 먹었다가, 몇 시간도 안 돼 구토, 무기력증, 식욕감퇴가 나타나고, 혼수상태에 빠지는 경우도 있다고 한다.</td></tr>
<tr><td> </td></tr>
</table>

<table>
<tr><td rowspan="2">아이비</td><td>실내에서 기르는 흔한 식물이며 잎이 열매보다 독성이 강하다. 섭취 시 설사, 위장 장애, 발열, 다음, 다갈증, 동공확장, 근육쇠약, 호흡곤란 등의 현상을 보인다.</td></tr>
<tr><td> </td></tr>
</table>

<table>
<tr><td rowspan="2">튤립
(백합과)</td><td>튤립의 독은 대부분 구근에 집중돼 있다. 당신의 반려견이 땅 파기를 좋아하거나, 당신의 고양이가 꽃밭에 자주 간다면, 화분이나 정원에 튤립을 키워선 안 된다. 구토, 설사, 타액 과다 분비 등의 증상을 보인다.</td></tr>
<tr><td> </td></tr>
</table>

수선화	봄에 가장 먼저 피는 꽃 중에 하나가 수선화다. 리코린과 알칼로이드를 함유하고 있어, 개와 고양이에게 해롭다. 독은 대부분 수선화 구근 속에 있다. 반려동물이 조금만 삼켜도 타액 과다 분비, 구토, 설사 등을 유발한다. 많이 먹었을 경우 약간의 떨림, 경기, 저혈압, 심장부정맥 등을 일으킬 수 있다.  
베고니아	베고니아는 사철 베고니아라고 부를 정도로 사시사철 키우기 쉬워서, 대중적인 식물이다. 하지만 개와 고양이를 키운다면, 베고니아 화분을 없애는 것이 옳다. 독은 베고니아의 덩이줄기나 땅속 줄기에 집중돼 있다. 반려동물이 베고니아를 삼키면, 침을 질질 흘리거나, 구토하고, 삼키기 힘들어한다. 입술, 혀 등 입 안에 화상을 입거나 염증이 생긴다.  
독말풀	이름 그대로 독을 가진 풀로, 악마의 트럼펫이라고도 불린다. 중간 정도의 독성으로, 개와 고양이에게 해롭다. 농장이나 목초지에 군집해서 자란다. 삼키면 동요나 불안 증세를 보인다. 취한 듯이 걷기도 하고, 호흡부전 증상을 보이기도 한다.  

옥수수 식물	옥수수나무, 행운목, 드라세나, 리본식물로 불리는 옥수수식물은 개와 고양이에게 모두 독성이 있는 식물이다. 사포닌이라는 독성 화합물이 존재하는데 섭취할 경우에 구토, 혈토, 식욕 감퇴, 우울증, 유연 증상이 나타나고 고양이의 경우는 동공확장이 생긴다.  
아스파라거스 고사리	개와 고양이에게 모두 독성이 있으며 열매를 먹으면 구토와 설사, 복통이 일어날 수도 있고, 이 식물에 지속적으로 노출되면 알레르기성 피부염이 생길 수도 있다.  
디펜바키아	개와 고양이 모두가 섭취할 경우 구강에 간지럼증이 일어나는데 주로 혀와 입술에 집중된다. 이는 타액 분비의 증가로 발전하고 음식물을 삼키는 데 어려움을 보이며 구토증세로 이어진다.  

시크라멘	풍접초족두리꽃으로 알려진 아름다운 식물로 개와 고양이에게 모두 위험하다. 섭취할 경우 타액 분비가 증가하고 구토와 설사 증세를 보인다. 만약 이 식물의 줄기나 뿌리를 상당량 섭취할 경우에는 심장 박동에 이상을 보이며 심장마비와 사망에 이를 수 있다.  
몬스테라	무척 흔하고 기르기 쉬운 실내 화초 중의 하나이지만 개와 고양이가 섭취할 경우는 입과 혀, 입술을 간지럽게 하는 물질이 있어 타액 분비의 증가, 구토, 음식물을 삼키는 데 어려움을 보일 수 있다.  
소철	따뜻한 기후에서 많이 볼 수 있는 이 소철은 반려동물이 섭취할 경우 간 기능 상실과 사망을 일으킬 수 있다. 모든 부분에 독성이 있지만, 씨앗이 가장 위험하며, 씨앗 하나로 사망에 이를 수 있다. 섭취 후 24시간 안에 우울해지고 발작을 일으킬 수 있으며, 사망률이 약 30%에 이른다.  

<table>
<tr><td rowspan="2">알로에</td><td>알로에는 개와 고양이에게 독성이 있는 식물 중 흔한 편이며 즙이 아주 많다. 섭취 시 구토, 소변이 붉어지는 현상을 보인다.</td></tr>
<tr><td> </td></tr>
</table>

2. 상담자의 고객응대 기본사항

(1) 호감 가는 표정과 음성

① 밝고, 미소가 담긴 음성과 부드러운 표정
② 정면으로 단정하게 바라보는 따뜻한 시선
③ 맑고, 밝은 자연스러운 음성
④ 신뢰감이 전달되는 변화가 있는 음성
⑤ 바쁘고 위급해도 부드럽고 침착한 표정과 음성

(2) 단정한 용모와 복장

① 용모와 복장은 나를 표현하는 전략이며, 수단이다.
② 머리가 앞 얼굴을 가리지 않도록 긴 머리는 묶거나 고정한다.
③ 이를 깨끗이 닦고, 음식 냄새나 입 냄새가 나지 않도록 한다.
④ 손톱은 짧고 청결하게 유지한다.
⑤ 손을 자주 씻는다.

⑥ 근무 중 눈이 충혈되지 않도록 충분한 휴식을 취한다.
⑦ 지정된 가운을 입고 명찰을 착용한다.
⑧ 가운이나 신발이 구겨지거나 더러워지지 않도록 관리한다.
⑨ 반지, 목걸이, 팔찌 등의 액세서리는 가급적 착용하지 않는다.

3. 전화 예절

그 업체의 서비스를 직접 경험하지 않더라도 미루어 짐작이 가능한 부분이다.
① 신속, 정확, 정중하게 응대한다.
② 전화벨이 너무 오래 울리지 않게 한다.
③ 인사와 함께 소속과 성명을 밝힌다.
④ 고객의 말을 경청한다.
⑤ 질문의 답변이나 해결안을 전화상으로 너무 오래 기다리지 않게 한다.
⑥ 답변은 정확하고 간결하게 한다.
⑦ 끝맺음 인사를 한다.
⑧ 먼저 끊지 않는다.
⑨ 메모지를 활용하여 내용을 메모한다.

Check point

■ 미용예약 메모사항

1. 고객이 원하는 서비스 날짜와 시간
2. 고객의 정보(이름, 연락처 등)
3. 반려동물의 정보(이름, 품종, 나이)
4. 고객이 원하는 서비스의 종류
5. 기타 고객이 요청하는 주의사항

* 개인정보는 고객에게 동의를 구한 후 제공받도록 한다.

4. 인사 예절

(1) 좋은 인사 5가지 포인트

① 내가 먼저 한다.
② 눈 맞춤을 한다.
③ 밝은 표정과 음성으로 한다.
④ 상황에 맞게 인사한다.
⑤ 개인별 맞춤 인사를 넣는다.

(2) 재방문 고객의 반려동물 이름을 기억하고 인사를 한다.

5. 대화예절

(1) 좋은 대화법

① 밝게 대화한다.
② 명료하고 고객이 알아듣기 쉽게 대화한다.
③ 부정적인 표현을 피하고 긍정적인 표현으로 대화한다.
④ 명령형을 피하고 의뢰형으로 바꾸어 대화한다.
⑤ 공손하게 대화한다.

(2) 대화의 자세

① **눈** : 고객의 눈 이하 목까지 자연스럽게 시선 처리를 한다.
② **표정** : 상황에 알맞은 표정, 보통은 자연스러운 미소를 띤다.
③ **어조** : 진실된 느낌을 주며 고객의 말에 동의하는 자세와 어조를 사용한다.
④ **마음** : 고객의 입장을 이해하려는 마음으로 대화한다.

(3) 듣기의 자세

① **눈** : 눈 이하 목 부분까지 시선을 움직여가며 듣는다. 눈만 바라보면 도전적인 느낌이 든다.
② **몸** : 고객 쪽으로 몸을 약간 기울여 잘 듣고 있다는 느낌을 주도록 한다.
③ **입** : 적절하게 맞장구를 치면서 잘 듣고 있다는 표현을 한다.
④ **마음** : 상대의 입장을 이해하고 경청하려는 마음을 갖는다.

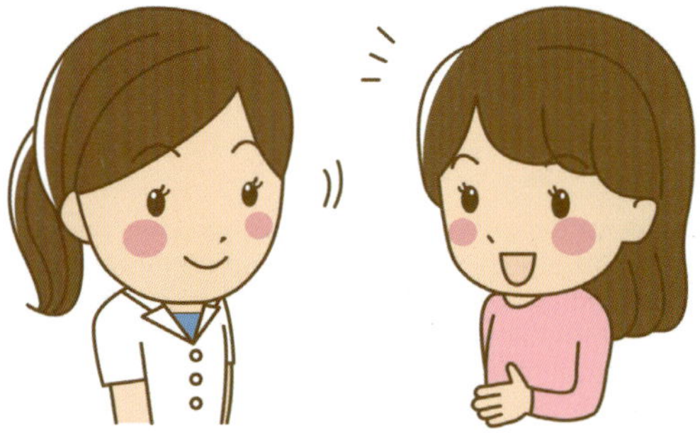

(4) 대화 시 주의해야 할 점

① 고객이 마음껏 말할 수 있게 한다.
② 고객의 말을 경청한다.
③ 고객의 말을 무시하거나 부정하지 않는다.
④ 상황에 대한 변명을 하거나, 자사 직원의 탓을 하지 않는다.
⑤ 고객의 실수를 지적하거나 탓하지 않는다.

⑥ 고객의 말을 자르거나 중간에 끼어들지 않는다.
⑦ 말하기보다 듣기에 주력한다.
⑧ 전문용어를 남발하지 않는다.
⑨ 좋은 표현이라도 감정적이 되지 않는다.
⑩ 고객의 자존심을 상하게 하지 않는다.

6. 고객 응대

(1) 용어 사용

고객 응대 시 반려동물에 대한 표현이나 명칭들을 친근하고 부드럽게 바꾸어 사용하며, 최대한 밝고 생기 있는 목소리로 긍정의 화법을 사용한다.

신중한 용어 사용의 예

이빨	치아, 이
입질을 하나요?	성격이 예민한가요?
주인	보호자
부작용	과민반응
나부대는	말괄량이, 개구쟁이
무게	몸무게, 체중
신경을 못 쓰셨나 봐요.	많이 바쁘셨나 봐요.
말을 안 들어서	(오늘은) 미용하기 싫은 날인가 봐요.
이쁜이가	우리 이쁜이가, 애교쟁이 이쁜이가
안돼요, 불가능합니다.	한번 알아보겠습니다. 죄송합니다. 다른 대안을 제시한다.

(2) 고객 응대 포인트

① **예약전화** : 고객과의 첫 대면이 될 수 있다. 친절하고 정중하게 응대한다.
② **고객 방문** : 적극적으로 맞이 인사를 한다.
③ **고객접수** : 고객의 대기 시간이 길어지지 않도록 친절하고 빠르게 처리한다.
④ **미용 상담** : 친절하고 정확한 상담과 설명이 있어야 한다.
⑤ **수납** : 공손하게 주고받는다.
⑥ **배웅** : 정확한 배웅 인사를 한다.
⑦ **안부 전화** : Happy call을 한다.

(3) 미용 접수 프로세스

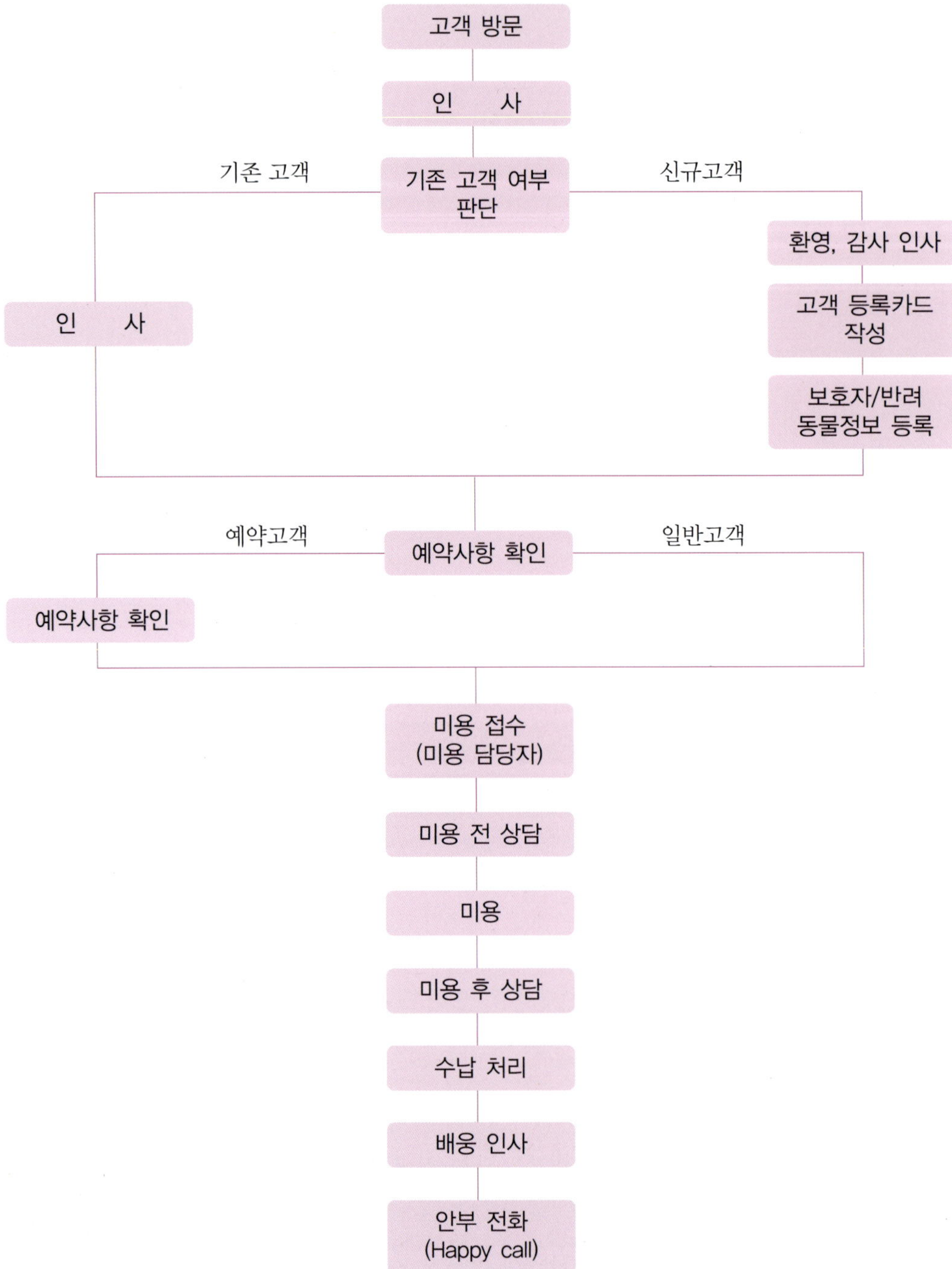
고객 방문
인 사
기존 고객
기존 고객 여부 판단
신규고객
환영, 감사 인사
고객 등록카드 작성
보호자/반려 동물정보 등록
인 사
예약고객
예약사항 확인
일반고객
예약사항 확인
미용 접수 (미용 담당자)
미용 전 상담
미용
미용 후 상담
수납 처리
배웅 인사
안부 전화 (Happy call)

① 고객 방문 시 응대

표준 응대	잘못된 응대
• 미소를 띠고 고객과 눈을 맞추며 적극적으로 인사한다.	• 대충 목소리로만 인사한다.
"안녕하세요? 어서 오세요. 미용 때문에 오셨나요?" "안녕하세요? 이쁜이가 오랜만에 왔네요. 3시에 예약이 되어 있으시죠?" "안녕하세요? 이쁜이 안고 오시느라 힘드셨겠어요."	"어서 오세요" "어떻게 오셨나요?"

② 예약 고객 응대

표준 응대	잘못된 응대
• 예약상황을 확인해 준다. • 사진첩을 보면서 고객의 요구사항을 서면 작성하도록 한다. • 반려동물의 몸무게를 재고 안내한다.	• 설명 없이 자신의 할 일만 한다. • 무성의하게 미용 상담을 한다. • 반려동물의 몸무게를 재고 혼자 아무 말 없이 기록한다.
"네. 이쁜이가 3시에 예약이 되어 있네요. 잠시만 기다려주시면 담당 미용선생님이 상담을 도와드릴 것입니다." "아. 이쁜이를 이번에는 이 사진처럼 해보고 싶으세요?" "이쁜이가 3.4kg 이네요. 지난번보다 200g 늘었어요"	"네. 잠시만 기다리세요." "어떻게 해드려요?" "무슨 색으로요?"

③ 예약이 안 된 일반 고객 응대

표준 응대	잘못된 응대
• 가능한 시간을 말하고 고객이 긍정의 답을 하면 상담을 진행한다.	• 표정이 없고 피로에 지친 모습으로 귀찮은 듯이 말한다. • 안된다고만 한다.
"죄송합니다만 지금은 예약 손님이 있어서 2시간 후에 가능한데 이쁜이를 맡기고 3시간 후에 데리러 오시겠어요? 이쁜이가 염려되시면 2시간 후에 이쁜이와 다시 방문하실 수 있습니다." "죄송합니다만 오늘은 예약이 다 차 있어서 힘들 것 같은데요, 내일로 예약을 해 드려도 될까요?"	"지금은 안돼요." "예약이 꽉 차 있어요. 다음에 다시 오세요." "오늘은 안돼요."

④ 미용 상담을 마친 후 고객 응대

표준 응대	잘못된 응대
• 반려동물을 받아 안으며 상냥하게 말한다.	• 무미건조하게 말한다.
"예쁘게 해 드리겠습니다. 2시간 후에 이쁜이를 데리러 오시면 됩니다." "미용에 소요되는 시간은 2시간이 예상됩니다. 이쁜이가 미용하는 동안 이곳에서 기다리셔도 됩니다." "미용이 끝나기 5분 전에 전화 드리도록 하겠습니다. 다녀오세요."	"2시간 후에 오세요." "여기 계시면 강아지들이 보호자에게 가려고 해서 미용하기 힘들어요."

⑤ 배웅 시 고객 응대

표준 응대	잘못된 응대
• 미용을 끝낸 반려동물에게 관심을 보이며 감사 인사를 한다.	• 쳐다보지도 않고 틀에 박힌 인사로 끝낸다.
"우리 이쁜이 오늘 많이 힘들었지? 집에 가서 쉬어~ 감사합니다. 조심히 들어가세요."	"안녕히 가세요."

⑥ 돌발(예외) 상황 발생 시 고객 응대

발생 상황	표준 응대
무리한 요구를 받았을 때	"죄송합니다. 저도 해 드리고 싶지만 오늘은 예약이 꽉 차서요. 내일 해드리면 안될까요?"
고객이 서성이고 있을 때	천천히 고객에게 다가간다. "혹시 제가 도와드릴 수 있는 일이 있을까요?"
응대 중에 다른 고객이 질문을 할 때	"죄송합니다만, 잠시만 기다려 주시겠습니까? 곧 안내 드리겠습니다."
절도를 목격했을 때	상냥하게 "손님, 계산은 이쪽에서 하시면 됩니다."

(4) 불만 고객 응대

① **문제 경청** : 고객의 불만과 불편함을 말을 끊지 않고 끝까지 진지하게 경청하여 정확한 고객의 불만 원인을 파악한다.

② **공감 및 이해** : 진심을 담아 고객의 입장을 이해하고, 공감의 표현을 한다. 많은 고객은 진지한 경청과 불만에 대한 진심어린 공감만으로도 문제가 해결되었다고 생각하거나, 불만을 접어주는 경향이 있다.

③ **해결 방법 제시** : 최선의 해결 방법을 찾아 고객에게 부드럽게 제시한다.

④ **공감 및 감사** : 고객의 입장과 마음을 항상 공감하려는 자세와 마음가짐이 있어야 하며, 불만 고객 응대 상황에서도 재차 공감표현을 하며, 불만을 표현해 준 고객에게 감사를 표한다.

Check point

■ 고객이 불만을 말하지 않는 이유

고객이 불만을 표현할 때에는 해당 미용 숍에 애정을 갖고 있다는 증거이며, 변화를 바라는 기대감의 표현이다. 좋은 고객들이 불만을 표현하지 않고, 조용히 영업장을 다시는 방문하지 않는 경우가 많은데, 이유는 다음과 같다.

1. 귀찮다.
2. 불만을 어디에 말해야 할지 모른다.
3. 불만을 말해도 해결될 것 같지 않다.
4. 시간과 수고의 낭비라고 생각한다.
5. 차라리 손해보고 거래를 끊으면 그만이라는 생각을 한다.
6. 서비스 불만은 시간이 지나면 증거가 없어지기 때문이다.
7. 불쾌한 것은 빨리 잊고 싶어 한다.
8. 불평불만자라는 나쁜 이미지가 형성될 것 같다.
9. 불만을 말함으로써 더 큰 불이익을 당할지 모른다.

2. 반려동물의 개체 특성 파악

1. 개체 특성 파악을 위한 고객 상담

미용 작업 예정인 반려동물의 특성을 사전에 파악하는 것은 반려동물과 작업자의 안전사고 예방과 미용 후 고객과 발생할 수 있는 오해의 소지를 없앨 수 있는 매우 중요한 과정이다. 작업자는 반려동물의 특성과 반려동물이 가지고 있는 기저질환을 고객에게 듣고 기록하여 반려동물에게 주의해야 할 사항을 유념하며 접근하고 작업한다. 고객이 미처 파악하지 못한 부분에 대해서 작업자는 미용 전 고객 상담 과정 중에 반려동물의 특성을 파악하도록 한다.

(1) 반려동물의 개체 특성을 직접적으로 파악하기

미용 전 반려동물의 특성과 상태를 작업자가 직접 눈으로 확인하고, 만져보면서 파악하도록 한다. 파악된 내용을 고객에게 안내하고 설명한다. 고객이 자신의 반려동물에 대해 미처 파악하지 못한 부분을 안내하여 적절한 대처가 이루어지게 하며, 미용 후 발생할 수 있는 불필요한 오해의 소지를 없앤다.

① 반려동물의 심리상태
② 반려동물의 자세, 걸음걸이
③ 반려동물의 피모 상태
④ 반려동물의 눈, 귀, 구강 상태

(2) 반려동물의 개체 특성을 간접적으로 파악

미용 전 반려동물을 가장 잘 아는 고객에게 반려동물의 상태를 묻고 듣도록 한다. 작업자가 확인하지 못한 요소들을 고객에게 들어서 미용 작업 중에 발생할 수 있는 안전사고와 미용 후 반려동물에게 발생할 수 있는 피부 과민반응 등을 예방할 수 있다.

① 반려동물의 성격적인 요소
② 반려동물의 미용 작업 전, 미용 작업 중, 미용 작업 후의 행동 패턴
③ 반려동물의 미용 작업으로 발생할 수 있는 피부 과민반응
④ 반려동물의 기저질환
⑤ 반려동물의 미용 경험을 바탕으로 한 기타 반려동물의 미용 작업에서의 주의사항

2. 반려동물의 행동 이해

(1) 반려견과 친밀감 형성

① 반려견과의 인사법

- 갑자기 반려견을 정면으로 응시하면서 다가서거나, 갑자기 반려견을 만지지 않는다. 고객에게 반려견을 만져도 되는지 묻고 반려견의 성향을 파악한 후 천천히 만지도록 한다.

Check point

공인 응용동물 행동학자인 패트리샤 매코널(Patricia B. McConnell, Ph.D)은 저서에서 개는 얼굴을 정면으로 마주 보며 접근하는 것을 위협의 신호로 받아들인다고 말하고 있다. 접근해 오는 대상이 낯선 경우에 인사 받는 개가 조심성이 많은 성격이면 더욱 그렇다. 공원에서 사회화가 훌륭하게 된 두 마리의 개가 인사 나누는 모습을 지켜보면 예의 바른 개들은 시선을 마주치는 것을 피하며 옆으로 접근하는 경향이 있고 심지어 거의 다른 각도로 접근하기도 한다. 반대로 얼굴을 마주 보고 상대의 눈을 쳐다보는 개들은 문제가 있는 경우로 공격성 사례에서 자주 보게 된다. 개들도 가끔은 정면으로 마주 보고 인사를 하지만 이것은 올바른 예의범주에서 벗어난 것일 뿐만 아니라 팽팽한 긴장감을 일으키고 심지어 싸움까지 일으킨다(Patricia B. McConnell, 2015: 60).

출처: 애완동물미용 학습모듈

- 작업자는 몸을 낮추고 반려견이 작업자의 냄새를 맡을 수 있도록 천천히 옆으로 다가선다.
- 반려견에게 손을 내밀 때는 몸을 낮추고 손등을 보이게 하고 손가락을 접은 상태로 내밀어 냄새를 맡게 한다.
- 반려견을 쓰다듬을 때는 몸을 낮추고 반려견의 턱에서부터 천천히 부드럽게 쓰다듬어 준다. 턱밑은 반려견이 상대의 냄새를 확인하며 안정적으로 쓰다듬기를 받아들일 수 있다. 친근감이 형성된 반려견에게 머리 쓰다듬기는 반려견에게 칭찬으로 받아들여진다. 가슴 쪽을 쓰다듬는 것은 겁이 많거나 소심한 반려견에게 용기를 북돋을 수 있다.
- 반려견에게 간식을 이용해서 호감을 표시하고 친해진다. 간식을 이용할 때에는 반드시 고객에게 반려견의 음식에 대한 과민반응이 있는지 확인하고, 반려견에게 알맞은 간식을 조금씩 이용하도록 한다.
- 반려견에게 장난감을 이용해서 친해진다. 장난감을 이용할 때에는 반드시 안전하고, 깨끗이 세척되고 소독된 장난감을 이용하도록 하며, 반려견이 좋아하는 장난감을 고객에게 미리 묻는 것도 좋다.
- 반려견을 안고 쓰다듬어 친근감을 형성한다. 반려견이 거부감을 느끼지 않아야 하며 천천히 머리에서부터 꼬리 근처까지 쓸어내리듯이 쓰다듬는다.

Check point

■ 반려견을 안아서 전달하는 방법

낯선 공간에서 고객과 분리되는 순간은 반려견이 매우 예민해질 수 있다. 반려견의 불안감을 최소화하기 위하여 고객은 반려견의 얼굴, 배 쪽을 바라보며 작업자에게 전달하고, 작업자는 반려견의 등 쪽으로 전달받아 안는다. 고객에게 이렇게 하는 이유를 설명하고 그렇게 전달하도록 부탁을 한다.

② 반려견의 의사 표현

몸의 한 부위만으로는 반려견의 의사를 정확히 알아볼 수 없다. 반려견의 자세, 표정, 발생 상황 등을 종합적으로 판단해야 하며, 가장 주목해야 할 곳은 귀와 꼬리와 입이다.

㉠ **조용하고 편안한 상태**

- 귀는 약간 앞쪽의 중립에 있다.
- 머리가 높다.
- 입을 벌리고 혀를 약간 내밀고 있다.
- 체중은 네다리에 고루 실려 편안히 서 있다.
- 꼬리는 편안하게 내려가 있다.
- 다음 자세로 엎드려서 졸린 것 같은 자세를 취할 수 있다.

㉡ **주의, 경계 상태**

- 귀는 전방을 향한다.
- 머리는 약간 앞쪽을 향한다.
- 눈이 커진다.
- 입은 다문다.
- 발끝으로 서고 무게 중심은 약간 앞쪽으로 향해 있다.
- 꼬리는 수평으로 단단해지고 좌우로 천천히 신중하게 움직인다.

㉢ **우위/공격 상태(선제 공격형)**

- 귀는 전방을 향한다.
- 이마와 콧등에 주름이 있고, 윗입술을 들어 올린다.
- 턱은 닫은 상태로 앞니와 송곳니가 보일 정도로 입을 C자형으로 벌리고 으르렁거린다.
- 발끝으로 서서 몸은 앞쪽을 향한다.
- 등 쪽 털을 세운다.
- 꼬리는 더욱 단단해져 치켜세우고 좌우로 천천히 신중하게 흔든다.

Check point

■ 참고

털 세우기는 흥분과 긴장감을 표현하며 체고의 높이와 시선 고정은 우위와 자신감을 강조하는 모습이다.

㉣ **공포/공격 상태(방어 공격형)**

- 귀는 후방을 향한다.
- 이마와 콧등에 주름이 있다.
- 눈을 가늘게 뜬다.

- 입술을 약간 벌리고 입 꼬리가 후방으로 당겨진다.
- 등 쪽 털을 세운다.
- 꼬리는 아래로 말려 내려가 있고, 좁고 빠르게 흔든다.
- 전반적인 몸의 자세는 낮고, 후방을 향한다.

Check point

■ 참고

몸의 자세가 낮아졌다는 것은 불안, 공포, 두려움이 있음을 말하며, 이러한 자세의 반려견은 도망갈 것을 선택할 것이다. 그러나 만약 도망갈 수 없다면 공격할 것이다.

■ 선제 공격형과 방어 공격형 중 어느 쪽이 더 위험한가?

만약 상대가 뒤로 물러선다면 우위성의 선제 공격형은 이것을 항복으로 받아들이고, 진정될 것이다. 그러나 공포성의 방어 공격형은 자신의 감정을 조절할 줄 몰라서 상대가 후퇴하면 공격할 가능성이 높다.

ⓜ 공포/복종 상태

- 귀를 뒤로 젖힌다.
- 눈은 감은 듯 실눈을 뜨고 시선을 피한다.
- 입 꼬리는 후방으로 당겨지고, 입 주변 털은 가지런히 눕힌다.
- 콧등 주름은 없다.
- 누워서 배(서혜부)를 보여준다.
- 오줌을 몇 방울 떨어뜨리기도 한다.
- 꼬리는 배 쪽으로 만다.

ⓗ **놀이 인사**

- 귀를 세운다.
- 눈을 크게 뜬다.
- 입을 벌리고, 혀는 내민다.
- 절하는 듯, 양쪽 앞발을 앞으로 내민다.
- 꼬리는 세우고 우호적으로 흔든다.
- 엉덩이를 세우고, 놀이 중에도 가끔씩 같은 자세를 취하기도 한다.

(2) 반려묘 이해하기

① 반려묘를 올바르게 안고 내려놓는 방법

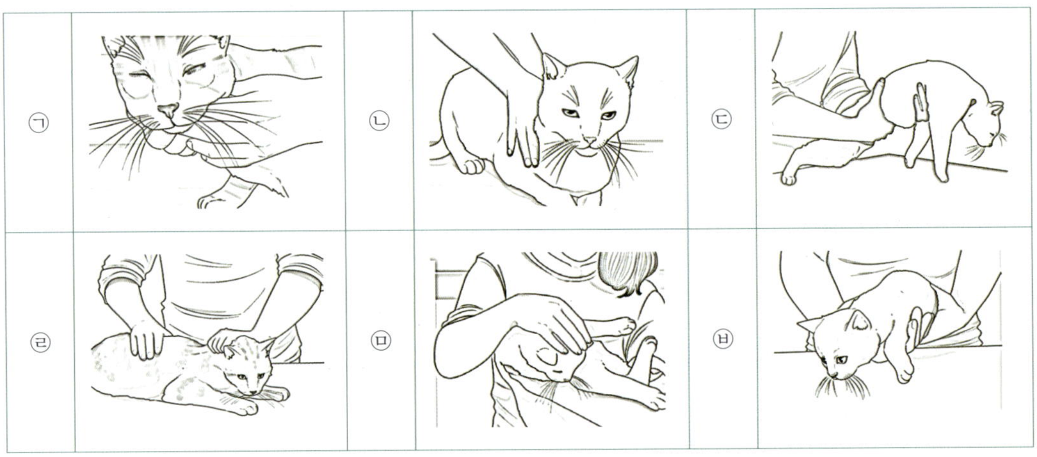

- 반려묘의 위치까지 몸을 구부려 자세를 낮춘다. 반려묘와 비슷하게 낮은 자세를 보이면 반려묘가 안심할 수 있다. 반려묘를 안아 올리기 전 반려묘의 몸에 작업자의 옷이나 손을 문지르면 반려묘의 체취가 묻어 반려묘를 안아 올렸을 때 더 편안하게 느낄 수 있다.

- 주요 손을 반려묘의 몸통 아래(앞다리 바로 뒤)에 위치시킨다. 다른 손은 반려묘의 뒷다리 아랫쪽에 놓는다.
- 반려묘를 들어 올린다. 뒷다리 아래 손과 팔뚝으로 반려묘를 지탱할 바를 만들어 준다. 바로 반려묘를 가슴 쪽으로 당긴다.
- 응급상황에는 고양이 목 뒷부분에 여분의 피부(scruff)가 있는데 이 부위를 잡아 이동시킬 수 있다. 자묘의 경우 쉽게 가능하지만, 성묘의 경우는 반드시 엉덩이 아래에 손으로 받쳐 체중을 지탱해 주도록 한다.
- 반려묘가 허락한다면 한 팔로 반려묘를 안고, 다른 쪽 손으로 쓰다듬을 수 있다. 차분한 톤으로 대화를 시도하는 것도 좋다.
- 반려묘를 내려놓을 때는 반려묘의 발이 땅에 닿거나 가까이 오도록 몸을 구부린다. 반려묘가 앞발을 바닥에 대고 발을 디딜 때 뒷다리를 받치고 있는 손을 부드럽게 떼어준다.

② 반려묘의 의사 표현

반려묘의 다양한 의사 표현이나 신호를 몇 가지 자세로 요약할 수는 없다. 다음은 가장 일반적인 자세로 의미를 단순화 한 것이다.

	친근함 다른 상대와 대화하기를 좋아하는 반려묘이다. 똑바로 서서 똑바로 귀를 올리며 꼬리를 올린 편안한 몸 자세를 한다. 자신감이 있고, 적극적인 성격의 반려묘는 먼저 다가와 문지르거나 인사를 한다.
	의심, 불안함 이 경우 반려묘의 자세가 긴장되어 있으며 끝이 구부러진 직선 형태의 꼬리를 보인다. 귀는 세워져 있고, 동공이 확장되어 경고의 표현을 하는 것이다.
	편안한 편안한 상태의 반려묘가 취하는 스트레칭 자세이다. 귀가 자연스럽게 떨어져 있고 꼬리는 들릴 수도 있고, 들리지 않을 수도 있다.
	성가신, 짜증 짜증이 나거나 성가신 반려묘는 꼬리를 끊임없이 움직이며 똑바르고 긴장된 자세를 취한다. 이것은 대상에게 하고 있는 일을 멈추라는 경고이며, 그렇지 않으면 적극적인 반응을 할 수 있다. 눈을 크게 뜨고, 귀가 옆으로 향한다.

	기분 좋은, 행복한 행복한 반려묘는 친근함의 반려묘와 같은 신호를 보여준다. 편안한 자세로 꼬리를 흔들며, 간혹 기분 좋은 소리를 내기도 한다.
	두려움, 화남 짜증이 나고, 화가 난 반려묘는 눈에 띄게 아치형 자세를 취하며, 크게 꼬리를 부풀고 귀를 옆으로 향한다.
	놀람, 공포(매우 두려움) 이 경우 반려묘는 눈에 띄게 긴장된 자세를 보이며, '하악' 소리를 내며 위협한다. 만약 공포의 상황에서 반려묘가 재빠르게 도망칠 수 없는 상황이라면 반려묘는 무서워서 곧 공격을 하게 될 가능성이 높다.
	장난기 장난기가 많은 반려묘는 신체의 많은 부분을 사용하여 주의를 끌고자 하는 욕구를 전달한다.

Check point

■ 반려묘의 공격

반려묘가 똑바로 올라간 꼬리와 아치형 등 모양, 세운 털, 날을 세운 발톱을 보인다면 대상은 절대적으로 피해야 한다.

■ 반려묘에게 건네는 인사

반려묘에게 눈을 느리게 깜빡이는 것은 반려묘의 존재를 인식하고 있으나 위협하지 않겠다는 의사를 전달하는 것이다. 천천히 느리게 깜빡임을 시도하고 반려묘가 같은 깜빡임을 했다면 답인사로 다시 같은 깜빡임을 한다.

고양이의 세계에서는 대상 앞에서 눈을 감는 것이 신뢰의 궁극적인 표현이기 때문이다.

Check point

■ 반려묘의 자세로 보는 두려움과 공격성 그래프

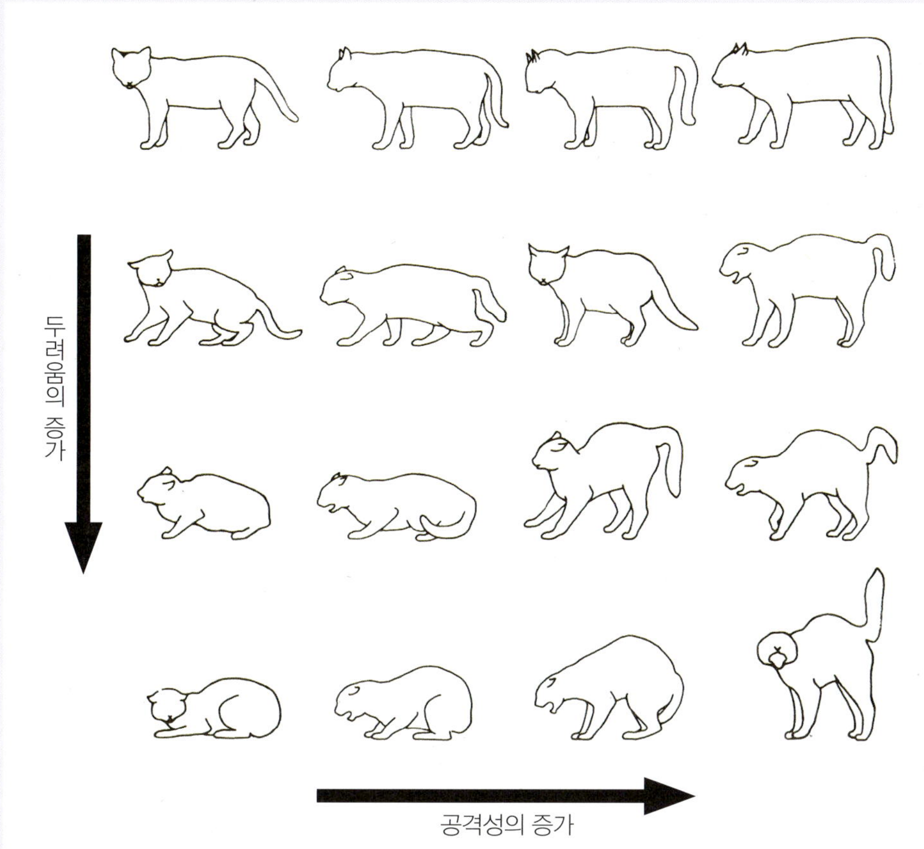

Check point

■ 반려묘와 반려견의 정반대의 Body language

1. 화가 난 고양이는 비행기 날개처럼 귀가 뒤로 접히는데 이것은 개에게서 복종으로 받아들여질 수 있다.
2. 친근감의 표현으로 반려묘가 꼬리를 치켜세운 경우 반려견에게는 우위성의 신호로 오해될 수 있다.
3. 자세가 낮고 꼬리를 낮게 흔드는 반려묘의 공격적인 자세는 반려견에서는 복종과 간청으로 받아들여질 수 있다.

PART Ⅲ 고객 상담

3. 고객 관리 차트 작성하기

학습내용(단원명)	수업 목표
차트 작성 매뉴얼 구성	• 고객 관리 차트 작성 매뉴얼에 따라 고객 정보, 방문 동기, 고객 요구 스타일을 기록할 수 있다. • 고객 관리 차트 작성 매뉴얼에 따라 반려동물의 품종, 성별, 나이, 건강 상태, 개체 특징을 기록할 수 있다. • 고객 관리 차트 작성 매뉴얼에 따라 반려동물의 피모 상태를 파악하여 기록할 수 있다. • 고객 관리 차트 작성 매뉴얼에 따라 반려동물의 생활 환경을 파악하여 기록할 수 있다. • 미용 숍에 걸려온 전화 정보를 고객 관리 차트 작성 매뉴얼에 기록할 수 있다.

1. 차트 작성 매뉴얼 구성

1. 고객 관리 차트 작성요령

(1) 고객 정보 기록

고객의 이름, 주소, 연락처, 이메일 등을 고객의 정보수집 동의를 받아 작성한다.

(2) 반려동물의 정보 기록

반려동물의 이름, 품종, 나이, 기저질환 등의 정보를 고객에게 정보수집동의를 받아서 작성한다. 미용 작업 후에는 미용 스타일을 꼼꼼히 기록하며, 미용 시 알게 된 반려동물의 미용 중 성향을 메모해 둔다.

(3) 미용 스타일 기록

반려동물의 미용 스타일에 대한 기록은 다음번 고객이 방문했을 때 의사소통을 원활히 할 수 있으며, 고객의 만족도를 올려줄 수 있는 요소이다.

(4) 기록 정리와 갱신

고객과 반려동물의 정보는 변동이 될 수 있다. 변동사항이 발견될 경우 즉시 고객에게 확인하고, 정리하거나 갱신한다.

PART Ⅲ 고객 상담

4. 반려동물의 상태 확인하기

학습내용(단원명)	수업 목표
반려동물 상태 확인	• 고객과 불필요한 마찰을 예방하기 위해 반려동물의 기초 신체검사를 할 수 있다. • 고객과 불필요한 마찰을 예방하기 위해 반려동물의 피모 상태를 파악할 수 있다. • 고객과 작업자가 생각하는 피모 상태 · 건강상의 문제가 다른 경우에는 그 차이를 설명할 수 있다. • 반려동물의 상태에 따라 미용 시 불의의 사고가 발생할 수 있는 문제점에 대해 설명하고 동의를 받을 수 있다.

1. 반려동물의 피모와 건강 상태 확인

1. 반려동물의 기초 신체검사

(1) 체중 체크

반려동물의 체중을 정확히 체크하여 기록한다. 움직임이 많거나 예민해진 반려동물의 경우 이동장 안에서 체중을 확인한 후 이동장의 무게를 빼서 확인하거나 작업자나 고객이 직접 반려동물을 안고 체중을 잰 뒤 작업자나 고객의 체중을 빼서 체크한다.

출처: ncs애완동물미용 학습모듈 고객 상담

(2) 체온 체크

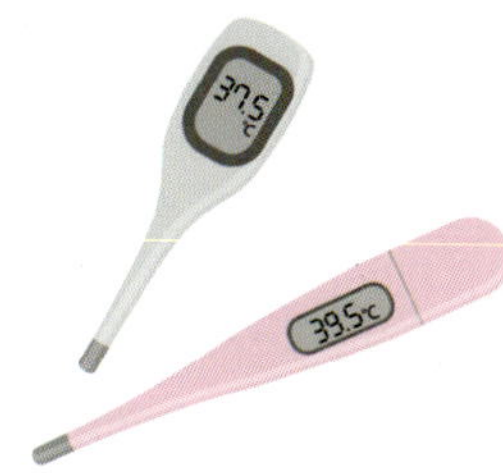

반려동물의 정상체온은 37.5~39.5°C이다. 사람들의 정상체온보다 약간 높기 때문에 반려동물이 따뜻하게 느껴질 수 있다. 반려동물의 체온이 정상보다 높거나 낮은 경우는 대사 기능에 문제가 생길 수 있다는 기본적인 신호이다. 미용 작업 전에 체온을 체크하여 반려동물이 미용작업을 받을 수 있는 상태인지 체크한다.

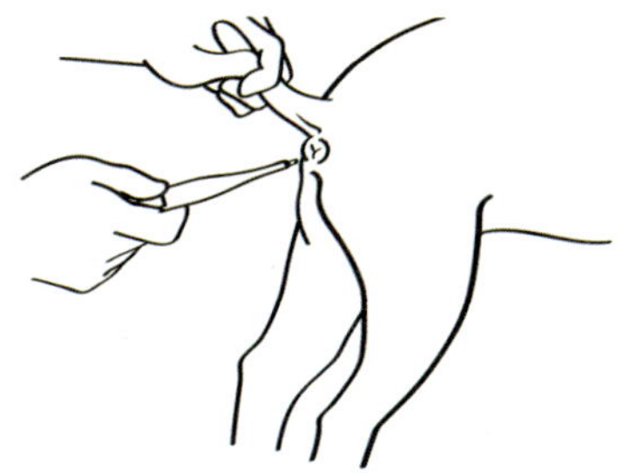

반려동물의 체온은 보통 직장체온을 체크하며 체온계를 사용할 때는 소독된 체온계를 사용하고, 윤활제를 발라 반려동물이 체온계로 인해 상처가 나거나 통증을 느끼지 않도록 한다. 윤활제를 바른 체온계를 직장에 넣었을 때 체온계가 직장 벽에 닿을 수 있게 각도를 기울이도록 한다.

2. 반려동물의 건강 상태 확인

① 전신상태	② 피부/피모	③ 귀/눈	④ 구강	접종
정상	정상	정상	정상	DHPPL( )
마름(경, 중, 고)	지루	귀염증(좌,우)	구취	Corona( )
비만(경, 중, 고)	악취	귀비후(좌,우)	흔들리는 치아	K.C( )
걸음걸이 (정상, 파행)	탈모	다량의 귀지	치석	CIV( )
	종괴, 염증, 발적	귀 진드기	잇몸 발적	Ra( )
호흡 불안	피부색의 변화	안구 분비물	구강 내 출혈	심장사상충( )
기침	지간 이상	안구 충혈	기타	내부구충( )
콧물	패드 이상	눈물 과다 분비		외부구충( )
	외부 기생충			
	털 엉킴			

⑥ 기타
과거병력 기저질환 과민반응 주의사항

① 전신상태

반려동물의 전반적인 체형과 걸음걸이를 체크하고, 눈으로 확인되는 기침, 콧물이 있는지 호흡곤란이나 빈호흡이 있는지 확인한다.

② 피부, 피모 상태

반려동물의 피부와 피모의 상태를 꼼꼼히 살핀다. 염증, 발적, 부스럼이나 딱지 등이 확인되면 상담 중 고객에게 바로 고지한다. 털 엉킴이 있는지 확인하여 미용 작업 후 예상되는 피부 상태를 안내한다.

③ 귀, 눈 상태

반려동물의 귀와 눈 상태를 확인하여 이상을 발견하면 상담 중에 고객에게 고지한다.

④ 구강 상태

반려동물의 구강 상태를 확인하여 이상을 발견하면 상담 중에 고객에게 고지한다.

⑤ 접종 상태

반려동물의 접종 상태를 고객에게 확인하여 체크한다.

⑥ 기타

반려동물의 과거 병력 사항이나 현재의 질환이 있는지 확인하고, 미용 작업 시 주의해야 할 점을 듣는다. 또한 과거의 미용 작업 중이나 미용 작업 후에 건강 이상이 있었는지 확인한다.

3. 고객과의 반려동물 상태 상담

고객과 내용을 공유하면서 반려동물의 전체적인 상태를 확인한 후 미용 작업 중에 발생할 수 있는 위험 상황에 대해 고객에게 충분히 설명한다. 반려동물이 예민해 있거나 무는 경우에는 물림 방지 도구를 사용할 수 있음을 안내한다. 특히 반려동물이 노령이거나 심리적으로 불안해 있다면 미용 시간이 길어지거나 돌발 상황이 생기게 될 수 있으므로 이에 대해서도 충분한 설명을 한다. 그리고 미용 동의서를 받도록 한다.

PART Ⅲ 고객 상담

5. 스타일 상담하기

학습내용(단원명)	수업 목표
미용 디자인과 요금 상담	• 스타일북과 사진을 활용하여 고객이 선호하는 스타일을 파악할 수 있다. • 반려동물의 개체별 특성에 알맞은 스타일을 제시할 수 있다. • 반려동물의 피모 상태에 알맞은 미용 용품을 제시할 수 있다. • 고객 관리 차트를 활용하여 기존 미용과 연계하여 관리하는 방법을 제시할 수 있다. • 고객 요청 사항과 실현 가능한 반려동물의 미용 방법을 접목시켜 설명할 수 있다. • 요금표에 따라 미용 스타일의 비용을 책정하여 설명할 수 있다.

1. 미용 디자인과 요금 상담

1. 반려동물의 미용 스타일 상담

고객이 요구하는 스타일을 정확히 파악하기 위해 여러 예시 자료를 활용하여 상담하는 것이 좋다. 예시 자료는 반려동물 스타일 잡지나 스크랩북 등을 활용한다. 미용 숍에서 사용하는 샴푸나 에센스, 스파용품 등을 고객에게 제시하여 고객이 반려동물의 피모에 알맞게 선택할 수 있도록 한다.

해당 예시 자료나 사용 제품을 고객에게 제시하고 보여줄 수 있도록 미리 만들어 놓는다. 기존 고객의 경우 전에 진행했던 미용 스타일을 전자 차트나 기록을 통해 확인한 후 전에 했던 스타일에 대해 이야기를 해보며, 고객의 만족도와 동일한 스타일을 원하는지 확인한다.

Check point

■ 스타일북 제작 요령

1. 반려동물의 잡지, 직접 작업한 미용사진, 직접 그린 그림 등을 보관하였다가 인쇄한다.
2. 스타일북에 수집한 자료를 품종별, 스타일별, 신체 부위별로 정리하여 붙인다.
3. 각 자료에 알맞은 스타일 이름을 적는다.

2. 반려동물의 미용 요금 상담

고객이 미용 스타일을 정할 때 해당 미용 요금을 쉽게 확인할 수 있도록 POP 옆에 가격표를 부착하거나, 제시한 스타일북 내부에 미용 요금을 부착한다. 미용 요금은 미용 스타일, 미용 기법, 털 엉킴 정도, 체중, 품종에 따라 달라지며, 지역에 따라, 미용 숍의 전문성 정도에 따라 달라진다. 반려묘와 대형견, 특수동물, 특수 목적의 반려동물은 작업자와 직접 상담을 하여 요금이 결정되며, 보통은 미용 난이도와 소요되는 시간을 기준으로 책정 된다. 고객이 스타일과 미용 방법을 선택했다면 반드시 고객에게 미용 작업 전에 요금을 안내하고 고객의 동의를 구하고서 미용 작업에 들어간다.

Check point

■ 미용 요금표 제작 요령

1. POP 전문제작 업체에 의뢰를 하거나 문서 작성 프로그램을 이용하여 반려동물의 체중에 따라 요금을 입력한다.
2. POP 전문제작 업체에 의뢰를 하거나 문서 작성 프로그램을 이용하여 반려동물의 털 길이에 따라 요금을 입력한다.
3. POP 전문제작 업체에 의뢰를 하거나 문서 작성 프로그램을 이용하여 반려동물의 미용 스타일에 따라 요금을 입력한다.
4. POP 전문제작 업체에 의뢰를 하거나 문서 작성 프로그램을 이용하여 반려동물의 털 엉킴 정도나 미용 기법에 따라 비용이 추가되는 차액을 정리하여 입력한다.
5. 반려동물이 미용 작업에 예민하게 반응하여 시간이 오래 걸리게 될 경우 추가 비용이 발생할 수 있음을 미리 입력하여 고지한다.

PART Ⅲ 고객 상담

6. 작업 후 고객 상담하기

학습내용(단원명)	수업 목표
미용 후 상담	• 고객과 대화하여 미용 만족 여부를 확인할 수 있다. • 고객에게 미용 시 발생한 반려동물의 특이 행동을 설명할 수 있다. • 미용 후 발생할 수 있는 증상에 대해 고객에게 설명할 수 있다. • 반려동물의 미용 스타일과 피모의 유지 관리 계획에 대해 설명할 수 있다. • 서비스 품질 향상을 위해 고객에게 전화나 문자를 하여 피드백을 받을 수 있다.

1. 미용 후 상담

1. 미용 작업 중 안내

(1) 작업 시간 지연 안내

① 미용 전 상담과는 다르게 미용 작업 시간이 지연될 경우 미용 작업 중간에 고객에게 연락하여 그 이유와 상황을 명확히 전달하고 양해를 구할 수 있도록 한다.

② 반려동물의 건강 상태나 스트레스 상황으로 인해 작업 시간이 지연되는 경우는 고객이 놀라거나 불쾌하지 않게 조심스럽게 안내하며, 반려동물의 탓인 것 같은 말투는 피한다.

③ 미용 작업 중에 시간의 지연을 안내드리지 못했을 경우는 당황하지 말고 그 이유와 상황을 명확히 전달하고, 미리 연락드리지 못했음을 양해 안내드린다. 다음 미용에 발생할 수 있는 상황에 대해서도 꼼꼼히 안내드린다.

(2) 돌발 상황이나 사고 발생 시 고객에게 알림

① 반려동물의 미용 작업 시 불가피하게 돌발 사고가 발생할 수 있다. 사고 발생 시 사고에 대한 응급처치 후 고객에게 재빨리 연락하여 상황을 정확히 안내드린다.

② 큰 사고가 아니더라도 고객에게 안내하지 않는 경우 반려동물이 집에서 상황이 나빠질 수 있으므로 꼭 모든 사항을 안내 드리도록 하고, 동물병원에서 진료 받아 볼 수 있도록 권한다(낙상, 상처, 화상, 교상 등). 정직하고 책임감 있는 모습이 궁극적으로 고객과의 신뢰감을 쌓이게 하는 방법이다.

2. 미용 작업 후 안내

(1) 미용 작업 중 새롭게 발견한 신체 상태 안내

(2) 미용 전과 후의 신체 건강 상태의 변화 안내

(3) 미용 작업 중의 반려동물의 행동 안내

(4) 미용 후의 관리방법 안내

3. 고객의 만족도 확인

(1) 작업 직후 확인

미용 작업이 끝난 직후 고객에게 원하는 스타일로 미용이 완성되었는지 확인하고 보완이 필요하다면 바로 수정한다.

(2) 전화 확인

① 다음날 전화나 문자로 해피콜을 해서 반려동물의 상태를 확인하고 미용 상태에 대해서도 재확인하도록 한다. 너무 많은 시간이 지나면 고객의 불만 사항이 미용 작업으로 인해 발생한 것인지에 대한 구분이 어려우므로 해피콜은 빨리 진행되는 것이 바람직하다.

② 만일 고객에게 불만 사항이 발생하였다면 고객의 이야기를 경청하고 적극적으로 해결하려는 의지를 갖고 응대한다. 발뺌을 하거나 핑계를 대는 모습을 보이면 문제는 해결되지 않는다. 미용 작업으로 인한 문제로 확인이 될 경우 정중히 사과하고 미용 수정이나, 치료를 약속한다.

③ 미용 작업으로 인한 문제가 아닐 경우는 고객이 이해할 수 있도록 설명한다. 어떤 상황이든 고객의 마음을 생각하며 공감의 표현을 하도록 한다.

④ 전화를 통하여 확인된 고객의 만족도를 기록하여 다음 미용 시에 참고 하도록 한다.

(3) 설문조사를 이용한 확인

직접 고객에게 설문지를 전달하는 방법과 인터넷이나 메신저를 통해 전달하는 방법이 있으며 무기명으로 설문지 회신을 받을 경우는 좀 더 정확한 의견을 들을 가능성이 높으나 회신률이 낮은 단점이 있다. 스타일 만족도, 반려동물의 상태 변화, 고객의 요구사항 등으로 설문지를 구성한다.

4. 반려동물의 상태 표 작성

미용 작업 전에 반려동물의 상태 체크를 한 메모와 비교하여 두 장의 상태 표를 갖고 있는 것이 좋으며, 상태 표를 바탕으로 고객에게 상담이 이루어질 수 있도록 한다. 이것은 기록으로 남겨서 다음 미용 시 참고한다.

<table>
<tr><td rowspan="14">미
용
전</td><th>전신상태</th><th>피부/피모</th><th>귀/눈</th><th>구강</th></tr>
<tr><td>정상</td><td>정상</td><td>정상</td><td>정상</td></tr>
<tr><td>마름(경, 중, 고)</td><td>지루</td><td>귀염증(좌, 우)</td><td>구취</td></tr>
<tr><td>비만(경, 중, 고)</td><td>악취</td><td>귀비후(좌, 우)</td><td>흔들리는 치아</td></tr>
<tr><td rowspan="2">걸음걸이
(정상, 파행)</td><td>탈모</td><td>다량의 귀지</td><td>치석</td></tr>
<tr><td>종괴, 염증, 발적</td><td>귀 진드기</td><td>잇몸 발적</td></tr>
<tr><td>호흡 불안</td><td>피부색의 변화</td><td>안구 분비물</td><td>구강 내 출혈</td></tr>
<tr><td>기침</td><td>지간 이상</td><td>안구 충혈</td><td>기타</td></tr>
<tr><td>콧물</td><td>패드 이상</td><td>눈물 과다 분비</td><td></td></tr>
<tr><td></td><td>외부 기생충</td><td></td><td></td></tr>
<tr><td></td><td>털 엉킴</td><td></td><td></td></tr>
<tr><th colspan="4">기타</th></tr>
<tr><td colspan="4">과거병력
기저질환
과민반응
주의사항</td></tr>
</table>

	전신상태	피부/피모	귀/눈	구강
	정상	정상	정상	정상
	마름(경, 중, 고)	지루	귀염증(좌, 우)	구취
	비만(경, 중, 고)	악취	귀비후(좌, 우)	흔들리는 치아
미용 후	걸음걸이 (정상, 파행)	탈모	다량의 귀지	치석
		종괴, 염증, 발적	귀 진드기	잇몸 발적
	호흡 불안	피부색의 변화	안구 분비물	구강 내 출혈
	기침	지간 이상	안구 충혈	기타
	콧물	패드 이상	눈물 과다 분비	
		외부 기생충		
		털 엉킴		
	기타			
	작업자가 확인한 미용 시 주의사항 기타 메모사항			

PART Ⅲ 고객 상담

7. 미용 숍의 영업 등록

학습내용(단원명)	수업 목표
동물 미용업의 등록 기준	• 동물 미용업의 시설 기준을 파악할 수 있다. • 동물 미용업의 인력 기준을 파악할 수 있다.
영업 등록에 필요한 서류 및 절차	• 동물 미용업의 영업 등록에 필요한 서류를 파악하고 구비할 수 있다. • 동물 미용업의 영업 등록 절차를 파악할 수 있다.

1. 동물 미용업의 등록 기준

1. 동물 미용업의 정의

동물 미용업이란 동물보호법에 정의된 바 반려동물의 털, 피부 또는 발톱 등을 손질하거나 위생적으로 관리하는 영업을 말한다. (출처: 동물보호법 시행규칙 타법개정)

2. 동물 미용업의 시설 및 인력 기준

(1) 영업장은 독립된 건물이거나 다른 용도로 사용되는 시설과 같은 건물에 있을 경우에는 해당 시설과 분리되어야 한다. 다만, 다음의 경우에는 분리하지 않을 수 있다.

(2) 영업 시설은 동물의 습성 및 특징에 따라 채광 및 환기가 잘 되어야 하고, 동물을 위생적으로 건강하게 관리할 수 있도록 온도와 습도 조절이 가능해야 한다.

(3) 청결 유지와 위생 관리에 필요한 급수시설 및 배수시설을 갖춰야 하고, 바닥은 청소와 소독을 쉽게 할 수 있고 동물들이 다칠 우려가 없는 재질이어야 한다.

(4) 설치류나 해충 등의 출입을 막을 수 있는 설비를 해야 하고, 소독약과 소독장 비를 갖추고 정기적으로 청소 및 소독을 실시해야 한다.

(5) 미용작업실, 동물대기실 및 고객응대실은 분리 또는 구획되어야 한다. 다만, 동물판매업, 동물위탁관리업, 동물전시업 또는 동물병원을 같이 하는 경우에는 동물대기실과 고객응대실을 공동으로 이용할 수 있다.

(6) 소독기와 자외선 살균기 등 미용기구를 소독하는 장비를 갖춰야 한다.

(7) 미용작업실은 미용을 위한 충분한 작업 공간을 확보해야 하고, 미용작업대와 동물이 떨어지는 것을 예방하기 위한 고정장치를 갖춰야 한다.

(8) 미용작업실에 동물의 목욕에 필요한 충분한 크기의 욕조, 급수 · 배수시설, 냉 · 온수설비 및 건조기를 갖춰야 한다.

(9) (3) 및 (4)의 요건을 갖춘 차량으로서 다음의 어느 하나에 해당하는 경우에는 동물대기실과 고객응대실을 갖추지 않을 수 있으며 해당 차량을 영업장으로 본다.

① 자동차등록증의 차량용도를 반려동물의 이동 미용 용도로 표시한 경우에 해당된다.

② 반려동물의 이동 목욕 용도로 자동차의 튜닝 승인을 받은 경우에 해당된다.

Check point

동물보호법 시행규칙 [별표 9] 〈개정 2021. 6. 17.〉
반려동물 관련 영업별 시설 및 인력 기준(제35조 관련)

1. 공통 기준

가. 영업장은 독립된 건물이거나 다른 용도로 사용되는 시설과 같은 건물에 있을 경우에는 해당 시설과 분리(벽이나 층 등으로 나누어진 경우를 말한다. 이하 같다)되어야 한다. 다만, 다음의 경우에는 분리하지 않을 수 있다.

1) 영업장(동물장묘업은 제외한다)과 「수의사법」에 따른 동물병원(이하 "동물병원"이라 한다)의 시설이 함께 있는 경우

2) 영업장과 금붕어, 앵무새, 이구아나 및 거북이 등을 판매하는 시설이 함께 있는 경우

3) 제2호라목1)바)에 따라 개 또는 고양이를 소규모로 생산하는 경우

나. 영업 시설은 동물의 습성 및 특징에 따라 채광 및 환기가 잘 되어야 하고, 동물을 위생적으로 건강하게 관리할 수 있도록 온도와 습도 조절이 가능해야 한다.

다. 청결 유지와 위생 관리에 필요한 급수시설 및 배수시설을 갖춰야 하고, 바닥은 청소와 소독을 쉽게 할 수 있고 동물들이 다칠 우려가 없는 재질이어야 한다.

라. 설치류나 해충 등의 출입을 막을 수 있는 설비를 해야 하고, 소독약과 소독장비를 갖추고 정기적으로 청소 및 소독을 실시해야 한다.

마. 영업장에는 「화재예방, 소방시설 설치 · 유지 및 안전관리에 관한 법률」 제9조제1항에 따라 소방시설을 소방청장이 정하여 고시하는 화재안전기준에 적합하게 설치 또는 유지 · 관리해야 한다.

바. 영업장에 「개인정보 보호법」 제2조제7호에 따른 영상정보처리기기(이하 "영상정보처리기기"라 한다)를 설치 · 운영하는 경우에는 「개인정보 보호법 」 등 관련 법령을 준수해야 한다.

2. 개별 기준

중략

사. 동물미용업

1) 고정된 장소에서 동물미용업을 하는 경우에는 다음의 시설기준을 갖춰야 한다.

가) 미용작업실, 동물대기실 및 고객응대실은 분리 또는 구획되어 있을 것. 다만, 동물판매업, 동물전시업, 동물위탁관리업 또는 동물병원을 같이 하는 경우에는 동물대기실과 고객응대실을 공동으로 이용할 수 있다.

나) 미용작업실에는 미용을 위한 미용작업대와 충분한 작업 공간을 확보하고, 미용작업대에는 동물이 떨어지는 것을 방지하기 위한 고정장치를 갖출 것

다) 미용작업실에는 소독기 및 자외선살균기 등 미용기구를 소독하는 장비를 갖출 것

라) 미용작업실에는 동물의 목욕에 필요한 충분한 크기의 욕조, 급 · 배수시설, 냉 · 온수설비 및 건조기를 갖출 것

마) 미용 중인 동물의 상태를 확인할 수 있는 영상정보처리기기를 사각지대의 발생이 최소화될 수 있도록 설치할 것

2) 자동차를 이용하여 동물미용업을 하는 경우에는 다음의 시설기준을 갖춰야 한다.

가) 동물미용업에 이용하는 자동차는 다음의 어느 하나에 해당하는 자동차로 할 것. 이 경우 동물미용업에 이용하는 자동차는 동물미용업의 영업장으로 본다.

(1) 「자동차관리법 시행규칙」 별표 1에 따른 승합자동차(특수형으로 한정한다) 또는 특수자동차(특수용도형으로 한정한다)

(2) 「자동차관리법」 제34조에 따라 동물미용업 용도로 튜닝한 자동차

나) 영업장은 오 · 폐수가 외부로 유출되지 않는 구조로 되어 있어야 하고, 영업장에는 다음의 설비를 갖출 것

(1) 물을 저장 · 공급할 수 있는 급수탱크와 배출밸브가 있는 오수탱크를 각각 100리터 이상의 크기로 설치하되, 각 탱크 표면에 용적을 표기할 것

(2) 조명 및 환기장치를 설치할 것. 다만, 창문 또는 썬루프 등 자동차의 환기장치를 이용하여 환기가 가능한 경우에는 별도의 환기장치를 설치하지 않을 수 있다.

(3) 전기를 이용하는 경우에는 전기개폐기를 설치할 것

(4) 자동차 내부에 누전차단기와 「자동차 및 자동차부품의 성능과 기준에 관한 규칙」 제57조에 따라 소화설비를 갖출 것

(5) 미용 중인 동물의 상태를 확인할 수 있는 영상정보처리기기를 사각지대의 발생이 최소화될 수 있도록 설치할 것

(6) 자동차에 부품 · 장치 또는 보호장구를 장착 또는 사용하려는 경우에는 「자동차관리법」 제29조제2항에 따라 안전운행에 필요한 성능과 기준에 적합하도록 할 것

다) 미용작업실을 두되, 미용작업실에는 미용을 위한 미용작업대와 충분한 작업 공간을 확보할 것

라) 미용작업대에는 동물이 떨어지는 것을 방지하기 위한 고정장치를 갖추되, 미용작업대의 권장 크기는 아래와 같다.

(1) 소 · 중형견에 대한 미용작업대: 가로 75cm×세로 45cm×높이 50cm 이상

(2) 대형견에 대한 미용작업대: 가로 100cm×세로 55cm 이상

마) 미용작업실에는 동물의 목욕에 필요한 충분한 크기의 욕조, 급 · 배수시설, 냉 · 온수 설비 및 건조기를 갖출 것

바) 미용작업실에는 소독기 및 자외선살균기 등 미용기구를 소독하는 장비를 갖출 것

(출처: 동물보호법 시행규칙 일부개정 2021. 6. 17. [농림축산식품부령 제482호, 시행 2022. 6. 18.] 농림축산식품부 > 종합법률정보 법령)

2. 동물 미용업 영업 등록에 필요한 서류 및 절차

1. 동물 미용업의 영업 등록에 필요한 서류

(1) 신청서

(2) 동물보호 복지 교육 수료증

(3) 사업 계획서

(4) 시설 내역 및 배치도

(5) 인력 현황 (전문 인력)

(6) 건물 임대차 계약서 사본

2. 동물 미용업의 영업 등록 절차

다음과 같은 절차를 거쳐 영업 등록을 해야 하며, 등록을 하지 않고 영업을 한 경우는 2000만 원 이하의 벌금에 처하게 된다.

영업 등록 처리 절차										
신청서 작성	⇒	신청서 접수	⇒	첨부서류 확인 및 검토	⇒	현장실사 및 시설조사	⇒	결재 및 확인	⇒	등록증 발급

〈서식 1〉 미용 고객 관리 차트

고객 관리 차트

No. ________

고객 성명				연락처		
동물 이름		품 종		나이/성별		
필수 사항						
특이 사항						
날 짜	고객 요청			수행 내용		비 고

출처: NCS 애완동물미용 학습모듈 고객상담

〈서식 2〉 미용 예약 일지

일일 예약 일지

년 월 일

	이름(품종)	예약 시간	연락처	금액	미용 내역
1					
2					
3					
4					
5					
6					
7					
8					
9					
10					
담당 미용사 ______________					
1					
2					
3					
4					
5					
6					
7					
8					
9					
10					
담당 미용사 ______________					
1					
2					
3					
4					
5					
6					
7					
8					
9					
10					
담당 미용사 ______________					

출처: NCS 애완동물미용 학습모듈 고객상담

〈서식 3〉 반려동물 미용 건강 상태 체크리스트

건강 상태 체크리스트				
전신 상태	피부 · 피모	귀 · 눈	구강	참고 사항
□ 정상	□ 정상	□ 정상	□ 정상	
□ 마름	□ 건성 지루	□ 염증/감염 (좌, 우)	□ 구취	
□ 비만	□ 유성 지루	□ 비후/협착 (좌, 우)	□ 치열 이상	
□ 탈수	□ 악취	□ 다량의 귀지 (좌, 우)	□ 흔들리는 치아	
□ 기침/콧물	□ 탈모	□ 귀 진드기 (좌, 우)	□ 잇몸 발적	
□ 기관지 협착	□ 종괴(mass)	□ 안구 분비물 (좌, 우)	□ 치석	
□ 헐떡임	□ 외부 기생충	□ 안구 충혈 (좌, 우)	□ 잇몸 부종	
	□ 피부색 변화	□ 눈물 분비 (좌, 우)	□ 구강 내 출혈	
	□ 지간, 패드 이상		□ 기타 치주 질환	

[서식4] 전화 메모 양식

전화 메모: (　　　　　　)님께
▶ 시간: 　월 　일 　시 　분
▶ 발신자:
▶ 용건/남긴 말:

□ 전화 　□ 전화 요망
□ 다시 전화하신대요
□ 메모 전해 주세요
▶ 통화자:

전화 메모: (　　　　　　)님께
▶ 시간: 　월 　일 　시 　분
▶ 발신자:
▶ 용건/남긴 말:

□ 전화 　□ 전화 요망
□ 다시 전화하신대요
□ 메모 전해 주세요
▶ 통화자:

출처: NCS 애완동물미용 학습모듈 고객상담

〈서식 5〉 개인 정보 수집 및 활용 동의서

개인 정보 수집 및 활용 동의서

<table>
<tr><td rowspan="4">수집하는 기본 개인 정보 항목</td><td>이름</td><td></td></tr>
<tr><td>주소</td><td></td></tr>
<tr><td>전화</td><td></td></tr>
<tr><td>E-mail</td><td>(선택 정보)</td></tr>
<tr><td>개인 정보의 수집 및 이용 목적</td><td colspan="2">성명, 주소, 연락처, e-mail주소
- 애완동물 미용 업무와 애완동물 정보 안내 등 서비스 이용 안내
- 예약일 안내, 소식 및 안내 사항 전달, 불만 처리 등을 위한 원활한 의사소통 경로의 확보</td></tr>
<tr><td>개인 정보의 보유 및 이용 기간</td><td colspan="2">회사가 수집한 개인 정보와 동물 정보는 회원의 가입일로부터 탈퇴일까지 회원 자격이 유지되는 동안 보유되며 서비스 제공을 위해 이용됩니다.
정보 제공자가 개인 정보 삭제를 요청할 경우 즉시 삭제합니다.
단, 법령의 규정에 의해 보유하도록 한 기간 동안은 보관할 수 있습니다.
● 소비자 불만 또는 분쟁 처리에 관한 기록: 3년(전자상거래 등에서 소비자보호에 관한 법률)
● 신용정보의 수집/처리 및 이용 등에 관한 기록: 3년(신용정보의 이용 및 보호에 관한 법률)
● 본인 확인에 관한 기록: 6개월(정보통신망 이용촉진 및 정보보호 등에 관한 법률)</td></tr>
<tr><td>개인 정보 제공 동의 거부에 권리 및 동의 거부에 따른 불이익 내용 또는 제한 사항</td><td colspan="2">개인 정보 제공 동의를 거부할 권리가 있으며, 동의 거부에 따른 불이익은 없음. 다만 미용 관련 안내 서비스를 받을 수 없음.</td></tr>
<tr><td rowspan="5">동물 정보</td><td>동물 이름</td><td></td></tr>
<tr><td>품종</td><td></td></tr>
<tr><td>성별</td><td></td></tr>
<tr><td>나이</td><td></td></tr>
<tr><td>방문 경로</td><td>☐ 지인 추천 ☐ 인터넷 ☐ 광고 ☐ 기타</td></tr>
</table>

※개인 정보 제공자가 동의한 내용 외에 다른 목적으로 활용하지 않으며, 제공된 개인 정보의 이용을 거부하고자 할 때에는 개인 정보 관리 책임자를 통한 열람, 정정, 삭제를 요구할 수 있음.

「개인정보 보호법」 등 관련 법규에 의거하여 상기 본인은 위와 같이 개인 정보 수집 및 활용에 동의함.

년 월 일

이름: ____________ (인)

출처: NCS 애완동물미용 학습모듈 고객상담

〈서식 6〉 신규 회원 등록 카드

신규 회원 등록

<table>
<tr><td rowspan="4">고객 정보</td><td>이름</td><td colspan="2"></td></tr>
<tr><td>연락처</td><td colspan="2"></td></tr>
<tr><td>주소</td><td colspan="2"></td></tr>
<tr><td>E-mail</td><td colspan="2"></td></tr>
<tr><td rowspan="8">동물 정보</td><td>동물 이름</td><td colspan="2"></td></tr>
<tr><td>품종</td><td colspan="2"></td></tr>
<tr><td>성별</td><td colspan="2">암 / 수</td></tr>
<tr><td>중성화 여부</td><td colspan="2">○ / ×</td></tr>
<tr><td>생년월일(나이)</td><td colspan="2">년 월 일( )</td></tr>
<tr><td rowspan="3">특이사항</td><td>피부</td><td></td></tr>
<tr><td>건강</td><td></td></tr>
<tr><td>성격</td><td></td></tr>
<tr><td>내원 경로</td><td colspan="3">1. 지인 소개 ( )
2. 인터넷
3. 간판/광고
4. 기타 ( )</td></tr>
</table>

출처: NCS 애완동물미용 학습모듈 고객상담

〈서식 7〉 미용 동의서

미용 동의서

1. 과거 미용 경험이 있습니다. (예 / 아니요)
2. 접종을 빠지지 않고 하였습니다. (예 / 아니요)
3. 최근 3개월 이내에 건강 검진을 했습니다. (예 / 아니요)
4. 과거 또는 현재 병력이 있습니다. (예 / 아니요)

◎ 최근 진단받은 병명:

동물 이름	
미용 일자	년 월 일

본인은 위 동물에게 행하여질 미용에 대한 내용과
일반적으로 예상되는 건강 상태 ( )에 대한 충분한 설명을 들었으며,
애완동물 미용 시 발생할 수 있는 신체 건강상의 문제,
동물의 특이 체질로 생길 수도 있는 질병과 우발 사고의 가능성을 인정하며
뜻하지 않은 결과가 발생하더라도 민/형사상의 소송 제기 또는 이의를 제기하지 않을 것을
자필 서명 · 날인으로 서약하며 미용을 요청합니다.

보호자 또는 의뢰인 (인)

출처: NCS 애완동물미용 학습모듈 고객상담

미용 만족도 설문 조사

<table>
<tr><td>미용 일자</td><td colspan="5"></td></tr>
<tr><td>고객 이름</td><td></td><td>동물 이름</td><td></td><td>동물 나이</td><td></td></tr>
<tr><td>기본 정보</td><td colspan="5">이번이 몇 번째 미용인가요?
① 처음 ② 5회 미만 ③ 5회 이상
목욕은 몇 번 하나요?
① 거의 안 한다. ② 매주 ③ 매달 ④ 기타( )
1년에 미용을 몇 번 하나요?
① 거의 안 한다. ② 5회 미만 ③ 5회 이상 ④ 기타( )
어느 곳에서 생활하나요?
① 실내 ② 실외 ③ 기타( )</td></tr>
<tr><td>미용 스타일</td><td colspan="5">가장 최근에 미용한 동물의 스타일에 만족하십니까?
① 매우 만족 ② 만족 ③ 보통 ④ 불만족
만족하지 못하였다면 어떤 부분이 부족하다 생각하십니까?
① 얼굴의 모양 ② 몸의 길이
③ 전체적인 스타일 ④ 기타( )</td></tr>
<tr><td>건강 · 행동</td><td colspan="5">미용 후 피부의 상태는 어떠하였습니까?
① 양호 ② 건조 ③ 붉음/가려움 ④ 기타( )
미용 후 애완동물의 건강 상태와 행동의 변화가 있었습니까?
① 양호
② 구토, 설사, 절뚝 등 건강상의 변화
③ 침 흘림, 구석으로 숨는 행동 등의 변화
④ 기타( )</td></tr>
<tr><td>작업자의 태도</td><td colspan="5">작업자 또는 상담자의 서비스 태도에 만족하십니까?
① 매우 만족 ② 만족 ③ 보통 ④ 불만족
만족하지 못하였다면 어떤 부분이 부족하다 생각하십니까?
① 표정과 말투 ② 상품 이해도 ③ 고객 이해도 ④ 기타( )</td></tr>
<tr><td>기타 요청 사항</td><td colspan="5"></td></tr>
</table>

출처: NCS 애완동물미용 학습모듈 고객상담

찾아보기

참고 자료

1) NCS 애완동물미용 학습모듈
2) (사)한국애견협회 내부자료
3) (주)리케이 내부자료
4) 루컴즈 전자 내부자료
5) 유진가운 내부자료
6) 탑독 내부자료
7) 프로베티 내부자료
8) 지니펫 애견미용학원 내부자료
9) 이현경 애견미용학원 내부자료

반려동물 미용관리

1판 1쇄 인쇄 | 2022년 5월 15일
1판 1쇄 발행 | 2022년 5월 20일

지은이 | 강수민·강효민·이현경·이호형·박진수

발행인 | 주병오·주민기

발행처 | 메디시인

경기도 파주시 회동길 209 (파주출판도시)
대표전화 : 031-955-2777, 031-955-7577
팩스 : 031-955-7730
홈페이지 : www.ji-gu.co.kr
E-mail : jigupub@hanmail.net
등록번호 : 2005년 2월 16일
제 406-2005-000045호

ISBN 979-11-90839-65-5 값 22,000원